全国**电子商务类**
人才培养系列教材

**微课版**

# 移动电商
# 基础与实务

ECONOMICS AND MANAGEMENT

王成新 杜志琴 / 主编

叶永霞 李兰馨 刘露露 / 副主编

人民邮电出版社
北京

**图书在版编目（CIP）数据**

移动电商基础与实务：微课版 / 王成新，杜志琴主编． -- 北京：人民邮电出版社，2022.5
全国电子商务类人才培养系列教材
ISBN 978-7-115-57990-4

Ⅰ．①移… Ⅱ．①王… ②杜… Ⅲ．①移动电子商务－高等学校－教材 Ⅳ．①F713.36

中国版本图书馆CIP数据核字(2021)第237829号

## 内 容 提 要

本书共分 8 章，具体内容包括移动电商概述、移动电商技术、移动电商平台、移动营销、手机淘宝店铺的运营与管理、社交移动电商拼多多开店实战、移动电商数据分析、移动电商支付等。本书各章基本按照"学习目标+引导案例+知识讲解+任务实训+思考与练习"的结构进行编排。全书在讲解理论知识的同时，通过大量的图表演示、知识链接、案例分析等，帮助读者快速掌握移动电商的相关知识。

本书提供 PPT 课件、课后参考答案、教学大纲、电子教案、课程思政案例等资源，用书教师可在人邮教育社区免费下载。

本书既适合作为高等院校移动电商、市场营销等相关专业的教材，又可作为各类社会培训班电子商务相关专业的教材，还可作为对移动电商感兴趣的读者的参考用书。

◆ 主　　编　王成新　杜志琴
　　副 主 编　叶永霞　李兰馨　刘露露
　　责任编辑　孙燕燕
　　责任印制　李　东　胡　南

◆ 人民邮电出版社出版发行　　北京市丰台区成寿寺路 11 号
　　邮编　100164　　电子邮件　315@ptpress.com.cn
　　网址　https://www.ptpress.com.cn
　　北京盛通印刷股份有限公司印刷

◆ 开本：700×1000　1/16
　　印张：14　　　　　　　　　　　2022 年 5 月第 1 版
　　字数：252 千字　　　　　　　　2025 年 7 月北京第 4 次印刷

定价：49.80 元

读者服务热线：**(010)81055256** 印装质量热线：**(010)81055316**
反盗版热线：**(010)81055315**

# 前　言

随着移动电商软硬件技术的不断发展，以及移动网络的不断成熟，移动电商变得火热起来，如移动购物、移动旅游、移动医疗、移动营销、移动支付……无数移动端产品开始进入大众的视野，并与人们的生活结合得越来越紧密。

第 48 次《中国互联网络发展状况统计报告》显示，截至 2021 年 6 月，我国网民规模达 10.11 亿人，较 2020 年 12 月增长 2175 万人，互联网普及率达 71.6%，较 2020 年 12 月提高了 1.2 个百分点；我国手机网民规模达 10.07 亿人，较 2020 年 12 月增长 2092 万人，网民使用手机上网的比例为 99.6%，与 2020 年 12 月基本持平。可见，移动电商的发展势不可挡，一大批大学生也开始积极投身移动电商的大潮中。许多院校也纷纷开设了与移动电商相关的课程，以满足当前企业对移动电商人才的需求。党的二十大报告也指出，教育、科技、人才是全面建设社会主义现代化国家的基础性、战略性支撑。而本书正是为了培养有志于从事移动电商行业的实用型人才而编写的。全书紧扣应用型移动电商人才的培养目标，尽可能地将实践与理论相结合，在讲解理论知识的同时，还通过大量案例和操作步骤等实战内容，加深读者对移动电商的理解。

本书的特点如下。

## 1. 内容新颖，注重应用

本书涵盖了移动电商的新理论、新技术等，内容新颖，并在编写时充分考虑了相关课程的教学要求与教学特点。本书还以实用为准则，在简要、准确地介绍移动电商概念和理论的基础上，重点讲解行之有效的实战方法，着重培养读者的实际操作能力。

### 2. 案例主导，学以致用

本书列举了大量的、经典的移动电商案例，以激发读者的学习兴趣，并引导其进一步深入思考，使其通过案例分析真正达到学以致用、举一反三的学习效果。

### 3. 配套资源丰富，支持教学

为方便用书教师教学，本书提供 PPT 课件、电子教案和教学大纲、课后习题答案等资源，用书教师可在人邮教育社区（www.ryjiaoyu.com）免费下载。

本书由王成新、杜志琴担任主编，叶永霞、李兰馨、刘露露担任副主编。在编写本书的过程中，编者得到了诸多朋友的帮助，还参考了许多学者的研究成果，在此表示诚挚感谢。限于编者水平，本书若有不当之处，欢迎各位读者批评指正。

编 者

# 目　　录

# 第1章
# 移动电商概述

## 学习目标

- 熟悉移动电商的定义与特征
- 掌握移动电商的商业模式
- 掌握移动电商的主体和价值链
- 掌握移动电商的应用类型

## 引导案例

### 移动电商大发展时代来临

第 48 次《中国互联网络发展状况统计报告》显示，截至 2021 年 6 月，我国网民规模达 10.11 亿人，其中手机网民规模达 10.07 亿人。手机网民规模继续保持稳定增长，使用手机上网的比例高于使用其他设备上网的比例，这意味着使用手机上网依然是我国网民增长的主要驱动力。

2013—2021 年，中国移动电商的用户规模不断扩大。2013 年仅为 2.15 亿人，而 2021 年达到 8.12 亿人。2020 年我国网上零售额达 11.76 万亿元，移动电商市场交易额突破 8 万亿元。移动端是电商平台发展的重要渠道，随着近年来直播电商市场的发展，移动电商交易规模继续扩大。

可以看出，我国移动电商行业近年来取得了飞速发展。移动电商使人们可以在任何时间、任何地点进行各种商贸活动，实现随时随地、线上线下的购物与交易，因此受到了广泛认可。由此可见，移动电商颠覆了传统的电子商务模式，新的电商时代已经来临。

**课堂讨论**

1. 为什么移动电商规模越来越大，用户越来越多？
2. 我国移动电商的前景是怎样的？

随着信息技术的发展，移动互联网开始逐渐渗透到生活的各个领域，从简单的信息获取、网络社交到手机购物、移动支付、移动营销、移动旅游、移动医疗等。移动互联网无处不在，人们获取信息的方式越来越简单，再加上智能移动设备的普及，移动电商成为当前购物的主流渠道。

# 1.1 移动电商的定义与特征

纵观整个电子商务市场，移动端的高速发展已经成为当前的大趋势。移动电商打破了传统电商交易的时间和空间限制，实现了线上与线下交易的完美融合。

移动电商的定义与特征

**课堂讨论**

1. 你认为什么是移动电商，生活中常见的移动电商有哪些？
2. 移动电商有什么特征？

## ▶▶▶ 1.1.1 移动电商的定义

移动电商处于不断发展中，还没形成公认的、全面的、统一的定义，因而我们分别从狭义和广义两个角度对移动电商进行定义。

从狭义角度看，移动电商是指以手机为终端，通过移动互联网所进行的电子商务活动。

从广义角度看，移动电商是指应用移动终端设备，通过移动互联网进行的各种电子商务活动。

本书所介绍的移动电商为狭义的移动电商，仅指通过手机接入移动互联网进行的实物交易活动。

## ▶▶▶ 1.1.2 移动电商的特征

移动电商处于飞速发展的阶段，其在具体发展过程中，逐渐体现出时间碎片化、客户体验至上、线上线下融合、社交化、内容为王、服务个性化、定位精准化等特征。

### 1. 时间碎片化

在移动电商时代，人们可以利用碎片化的时间随时随地购物。现在，人们随时可以通过微信、拼多多、手机淘宝、直播带货等方式购物，而且快节奏的生活使人们更趋向于利用碎片化的时间获取购物信息。图 1-1 所示为人们在地铁上利用碎片化的时间获取信息。

图 1-1　人们在地铁上利用碎片化的时间获取信息

### 2. 客户体验至上

客户体验是客户在使用产品过程中建立起来的一种感受。电子商务经营者应站在客户的角度，而不是站在商家的角度来分析是否做好了客户体验。

当今社会，经济飞速发展，物质极度丰富，客户的需求也日趋差异化、个性化、多样化。因此，作为现在主流的营销模式，移动电商必须在营销推广的同时，更加关注客户体验，只有抓住了客户的情感需求，才能更好地营销。

基于智能手机等移动终端开展的移动营销拥有 PC 端互联网营销所不具备的即时交互、位置化等特色，这导致移动营销成为体验式营销的全新方式。图 1-2 所示为随时随地进行售后服务。

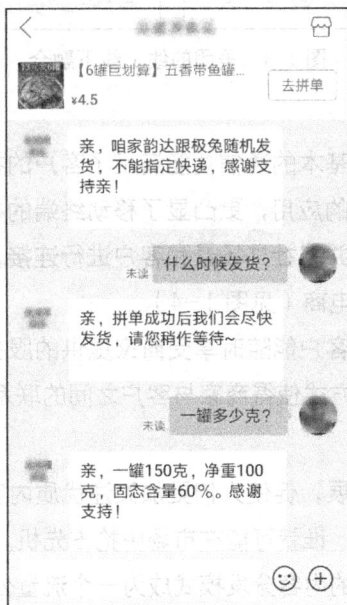

图 1-2　随时随地进行售后服务

### 3. 线上线下融合

线上线下融合是移动电商的一个重要特点。随着移动互联网技术的发展，线上线下融合体现为商家提供一种购物模式，从网上寻找用户，再将他们带到现实的商店中，提供线下的商品、服务。图1-3所示为美团的线上线下融合。

智能手机可以保证商家24小时在线，这为随时对接线下产品提供了条件。在这种情况下，商家可以通过随时随地和客户沟通互动，不断调整营销策略、满足客户需求，对产品和服务进行精准配置，以解决产品过剩、客户匹配度低等问题。

图1-3　美团的线上线下融合

### 4. 社交化

社交化是指智能手机基本的通信功能满足了客户的社交和沟通需求，特别是智能手机的各种社交软件的应用，更凸显了移动终端的社交属性。如今，在移动互联网上导入社交元素，并将社交场景和客户进行连接，已经成为移动电商发展的趋势，如在微信群里做电商（见图1-4）。

在移动社交媒体上，客户能随时享受商家提供的服务，而商家也能随时了解客户的需求，这样的联络方式使得商家与客户之间的联系变得更加紧密。

### 5. 内容为王

移动新媒体的不断发展，促使人们更加关注优质内容。在移动电商时代，谁能打造出更有价值的内容，谁就可能在市场中抢占先机。

今日头条凭借其开辟的内容分发模式成为一个流量公司，图1-5所示为今日头条的内容电商。

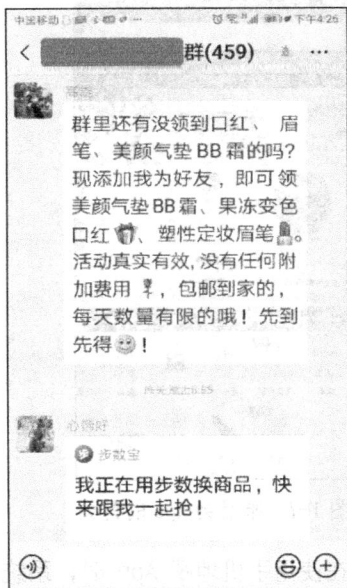

图 1-4　在微信群里做电商

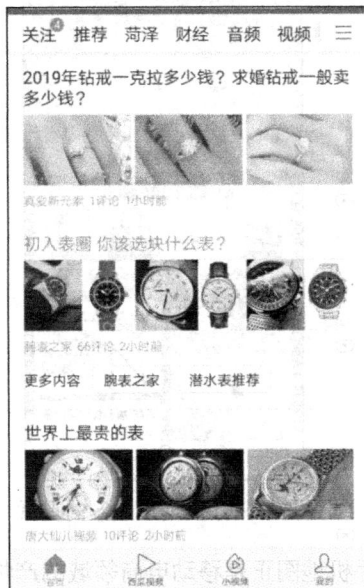

图 1-5　今日头条的内容电商

**知识链接**

　　需要注意的是，移动电商时代赋予了"内容为王"全新的内涵，即普适性强、传播范围广以及短小精悍。只有符合这些特质，移动电商企业才能打造出引发大众关注的内容，并借此实现自己的营销目的。

### 6. 服务个性化

　　服务个性化是指客户可以根据自己的需求和喜好，定制移动电商企业的服务和信息，并根据需要灵活选择访问和支付方法，设置个性化的信息格式。

　　移动电商的发展带动了 App 的爆发式增长。目前，我国移动电商 App 市场无论是从市场规模还是从应用数量上看，都已位居世界领先水平。移动电商 App 彰显了移动电商服务个性化的特征，许多移动电商 App 都能为客户带来特定的个性化服务，更重要的是能为客户解决实际问题。图 1-6 所示为手机淘宝 App 的首页，图 1-7 所示为唯品会 App 的首页。

### 7. 定位精准化

　　定位精准化是指能够获取或提供移动终端的位置信息，目前与位置相关的电商已经成为移动电商领域的一个重要组成部分。

图 1-6　手机淘宝 App 的首页

图 1-7　唯品会 App 的首页

　　手机地图正是移动电商领域的产物，客户在使用手机地图 App 时，系统会自动定位当前位置，客户只需输入目的地，手机地图 App 就能在几秒内为客户导航，无论是公交路线、驾车路线，还是步行路线，手机地图 App 都能为客户提供真实可靠的参考信息。图 1-8 所示为手机地图 App 提供的精准定位服务。

图 1-8　手机地图 App 提供的精准定位服务

# 1.2　移动电商的商业模式

移动电商的商业模式

　　商业模式是商家运营业务、创造利润的方式，简单地讲就是商家盈利的模式。

下面介绍几种常见的移动电商的商业模式：B2B 移动电商模式、B2C 移动电商模式、C2C 移动电商模式、O2O 移动电商模式、移动支付模式和移动营销模式。

**课堂讨论**

你所了解的移动电商的商业模式有哪些？

### 1.2.1　B2B 移动电商模式

B2B 移动电商是电子商务的重要组成部分，是企业对企业的电子商务。企业与企业建立商业关系是希望通过大家所提供的商品形成互补的发展机会，从而共享利润。

B2B 电商模式通过 B2B 客户端 App 将企业与企业连接起来，并以快速反应的网格化优势为基础，提供更出色的服务给企业，以此促进企业的发展。例如，阿里巴巴批发网就是用了典型的 B2B 移动电商模式，图 1-9 所示为阿里巴巴批发网首页。

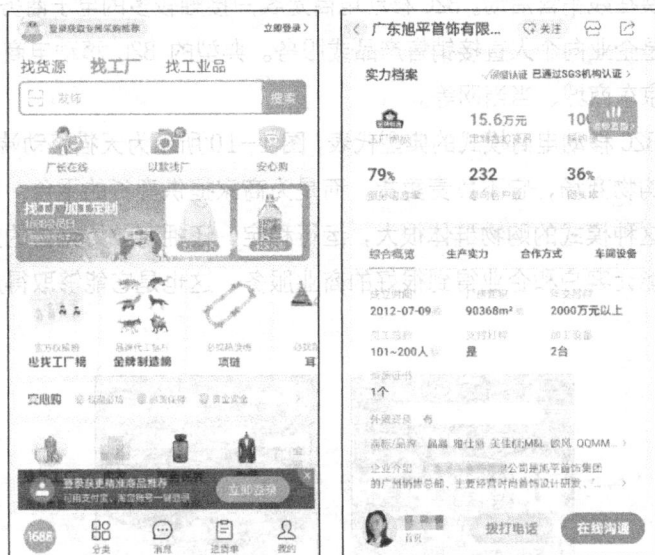

图 1-9　阿里巴巴批发网首页

目前，国内的 B2B 移动电商大体有 3 种模式：垂直模式、综合模式和自建模式。

（1）垂直模式就是面对商业或制造业的垂直 B2B 模式。采用垂直模式的 B2B 客户端 App 既可以是企业开设的在线商店，也可以是企业自己开设的网店，它们以此达到宣传产品、促进交易的商业目的。

（2）综合模式就是将不同行业中相似的交易过程集合在同一场所，从而为企业的采购部门和供应部门提供交易机会的模式。采用综合模式的 B2B 客户端 App

并不拥有产品，也不经营产品，而是一个商务平台。销售商和采购商也会在此类平台汇聚，后者还能查到前者在网上售卖商品的信息以及其他各类信息。

（3）自建模式就是企业建立属于自己的电商平台与其他企业交易的模式。处于供应链上、下游的企业，可以通过电商平台达到了解咨询、实时沟通、在线交易等商业目的。这种模式更适合大型龙头行业，是大型龙头企业在移动时代建立行业电商平台的一种方式。但需要注意的是，这种模式的电商平台的缺点也很明显，那就是太过封闭，缺乏对整条产业链的深度整合。

### ▶▶▶ 1.2.2　B2C 移动电商模式

B2C 移动电商模式是企业与客户之间的电子商务模式，即企业通过移动互联网为客户提供一个新型的购物环境——网上商店，客户通过移动互联网进行购物、支付。B2C 是我国最早产生的一种电子商务模式，其一般以网络零售业为主，借助于互联网开展在线销售活动。B2C 移动电商是客户接触较多的电子商务模式，它的经营方式就是企业向个人直接销售产品或服务。典型的 B2C 移动电商平台有唯品会、天猫、京东商城、当当网等。

天猫是 B2C 移动电商模式的典型代表，图 1-10 所示为天猫移动端首页。天猫的模式很像购物商场，它不负责卖货，而是为商家提供卖货的平台，自己收取租金等费用。这种模式的购物群体很大，运行稳定，还拥有较为完善的支付体系和安全体系，能让客户和企业得到很好的商业服务。这也是它能够取得成功的重要原因之一。

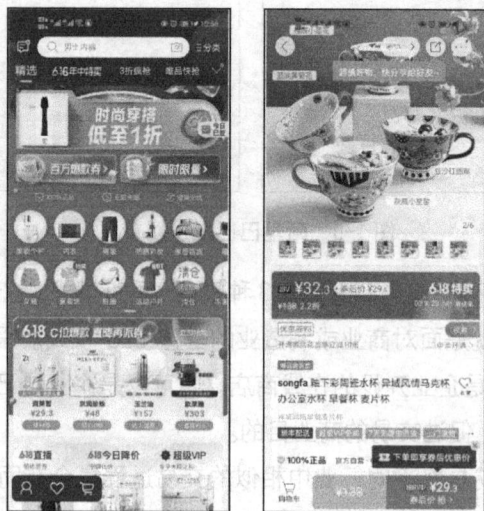

图 1-10　天猫移动端首页

## ▶▶▶ 1.2.3 C2C 移动电商模式

C2C 移动电商模式是客户与客户之间的电子商务模式，买卖双方交易的场所是独立于双方的 C2C 移动电商平台，此类平台负责提供信息推送、查询、支付、物流等服务，从而保证交易活动的顺利进行。典型的 C2C 移动电商平台有手机淘宝等，手机淘宝界面如图 1-11 所示。

图 1-11　手机淘宝界面

随着移动互联网的迅速发展，移动购物已经十分普遍。如果没有一个合适的移动电商平台，仅靠买卖双方进行单纯的人工搜索，其结果是客户没有买到自己想要的商品，商家也没有取得很好的销量。

> **知识链接**
>
> C2C 移动电商模式对买卖双方信誉的监督和管理、交易的监控、物流的跟踪，能最大限度地防止欺诈性事件的发生，保障双方的利益。

## ▶▶▶ 1.2.4 O2O 移动电商模式

在移动互联网时代，人们在进行各种活动时，往往会借助于智能手机。随着移动端软硬件技术的不断发展，移动互联网与现实生活的联系越发紧密，连接线上与线下的 O2O 移动电商更是对人们的工作与生活产生了深远的影响。

**知识链接**

一般来说，互联网会作为线上交易的平台出现，承担线上揽客、在线结算等任务；线下店铺则可以为客户带来良好的服务，促使线上交易达成。从这个角度来说，线上商务与线下商务有互相依存、互相促进的关系。

### 1. 从线上交易到线下消费体验

从线上交易到线下消费体验的模式十分常见，如网上订购电影票，线下观看；网上预订酒店，线下入住；以及网上订餐、门店消费等。图 1-12 所示为线上预订酒店。

图 1-12 线上预订酒店

### 2. 从线下营销到线上交易

从线下营销到线上交易的模式的代表之一是二维码营销。在一些商家开展的二维码营销活动中，客户只要线下扫描二维码并关注公众号，就可以得到赠品；如果公众号提供物美价廉的商品，客户可能会进行线上购物。图 1-13 所示为二维码营销。

### 3. 从线上交易到线下消费体验再到线上消费

从线上交易到线下消费体验再到线上消费的模式，代表了 O2O 的一种重要发展方向。例如，有商家开展的一些线上化妆品营销活动，吸引客户进行免费的线下服务体验，如果客户感到满意，就可以通过网络完成交易。这种模式更加符合客户对体验和服务的相关需求，是一种具有良好前景的消费模式。

图 1-13 二维码营销

### ▶▶▶ 1.2.5 移动支付模式

移动支付是允许客户使用移动终端对所购买的商品或服务进行付款的一种服务方式。移动支付将移动终端、互联网、应用提供商以及金融机构相融合，形成了一个新型的支付体系，为客户提供货币支付、缴费等金融业务。

移动支付模式

**课堂讨论**

生活中，你在哪些场景会用到移动支付？你一般用什么支付工具？

在国内，移动支付非常普遍，出门不带现金已经成为常态。不少人表示已经很久没有用过现金了。《2020 移动支付安全大调查报告》显示，98% 的受访者选择把移动支付作为常用的支付方式，其中，二维码支付使用人群占比高达 85%。2020年，平均每人每天使用移动支付的次数是 3 次，每天使用 5 次的人数也达到了总调查人数的四分之一。

目前，移动支付在线上的使用场景主要集中在信用卡还款、网购、外卖等方面。而在线下，移动支付使用场景主要集中在菜市场、超市和一些实体零售商店。

常见的移动支付手段有支付宝、微信支付、京东支付等，支付宝页面、微信支付页面如图 1-14 和图 1-15 所示。

图 1-14　支付宝页面

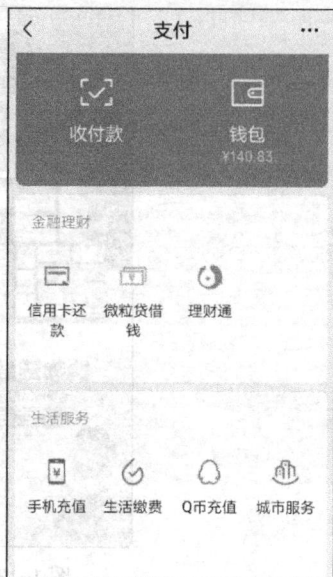

图 1-15　微信支付页面

## ▶▶▶1.2.6　移动营销模式

　　移动营销模式是以智能手机、平板电脑等移动设备作为传播媒介，向受众精准地投放个性化的即时信息，从而达到营销效果的模式。相对于传统的网络营销，移动营销往往借助微信公众号、App 应用以及广告等方式吸引客户，从而实现快速销售。移动电商在开展经营活动时，可以借助移动营销，对自己的产品或服务进行宣传。图 1-16 所示为通过短视频进行移动营销。

移动营销模式

图 1-16　通过短视频进行移动营销

移动营销的应用变革了传统的消费模式，改变了客户在经济活动和企业营销中的定位。因此，移动营销环境下，企业应积极转变营销理念，树立移动营销观念，开发智能手机、平板电脑等新媒体营销渠道，增加市场营销的针对性和有效性。

# 1.3 移动电商的主体和价值链

依托于智能移动终端和移动网络环境，移动电商从最初的单一模式拓展到复合、完整的模式。下面介绍移动电商的主体和价值链。

## >>> 1.3.1 移动电商的主体

移动电商的主体包括终端供应商、电信运营商、金融及支付服务商、平台服务供应商、物流商、软件和营销推广供应商。下面对其进行功能性的分析。

### 1. 终端供应商

终端供应商所提供的终端的性能对于提升客户体验具有重要影响。移动电商的客户体验在很大程度上取决于终端产品的硬件配置和信息处理能力，大屏幕、全键盘、高信息处理能力的智能手机可大大提高电子商务交易的便捷性。终端供应商的代表企业有小米、联想、vivo、OPPO、中兴等。

### 2. 电信运营商

电信运营商处于移动电商产业中信息交汇的核心地位。电信运营商拥有移动电商末端的所有客户资源，任何移动电商的应用服务均需通过电信运营商的信息通道进行。因在移动电商产业链中具有位置特殊性，电信运营商在移动电商产业发展中发挥着极其重要的作用。中国移动、中国联通、中国电信三家电信运营商在我国电信行业形成"三足鼎立"之势。

### 3. 金融及支付服务商

金融及支付服务商对资金链具有控制力。在移动电商活动中，资金要通过金融机构进行划转和结算。因此，在移动电商活动中，银行等金融机构有着资金链控制优势。

在实际的电商活动过程中，第三方支付平台确保了资金支付的安全性和合理性，其在移动电商产业支付环节中同样具有重要作用和现实意义。第三方支付平台有财付通、支付宝等。

### 4. 平台服务供应商

目前，淘宝网、当当网、京东等传统电子商务企业大多完成了在移动电商领域的布局。这些传统电子商务企业在 PC 端电子商务领域中积累了成熟的运营经验。

新兴移动电商企业中，拼多多、闲鱼等已经通过运营模式的创新，在移动电商细分市场中得到了良好的发展。闲鱼首页如图 1-17 所示。

### 5. 物流商

物流商是移动电商的重要组成部分。在经济全球化和移动电商发展的推动下，物流正在由传统物流向现代物流迅速转型。在系统工程思想的指导下，以信息技术为核心，强化资源整合是现代物流基本的特征。

图 1-17　闲鱼首页

**课堂讨论**

你在网上购物时遇到的物流公司有哪些？

物流商的信息化建设应该针对整个企业的供应链综合管理，实施信息系统建设，真正突破部门的限制，实现各部门数据和信息的互通以及信息、数据的集中查询和发放。物流商应广泛应用计算机技术以及通信技术提高自身的运输效率和提高服务能力，不断增强自己的核心竞争力。在我国，以顺丰速运、申通快递、EMS、圆通等为代表的物流公司正在逐步发展。顺丰速运小程序页面如图 1-18 所示。

图1-18　顺丰速运小程序页面

### 6. 软件和营销推广供应商

软件和营销推广供应商为移动电商服务平台提供了信息及应用入口。UC、火狐、猎豹等移动互联网浏览器在移动互联网领域发挥了门户网站的重要作用。未来，相应的应用软件供应商将形成对客户信息及应用入口的有效控制，移动电商服务平台将更多地依靠应用软件供应商提供客户进入的通道。

## ▶▶▶ 1.3.2　移动电商价值链

移动电商价值链指直接或间接地通过移动平台进行产品或服务的创造、提供、传递和维持，以及从中获得利润的过程中形成的价值传递的链式结构。

本书将移动电商价值链定义为由终端厂家、电信运营商、金融及支付服务商、平台服务供应商、物流商、软件和营销推广供应商等共同构成的一个创造价值的动态过程。

企业价值链是企业通过一系列活动进行价值创造构成的，这些互不相同但又相互关联的生产经营活动构成了一个创造价值的动态过程。

行业价值链可以帮助企业找到按照产品生命周期向前或向后发展的机会，从而提高企业的效率，提高产品的质量。

移动电商价值链使不同类型的企业打破行业界限，使同处一条价值链中的各企业保持战略合作的关系，而不仅仅是一种简单的买卖关系。企业之间的竞争不再是企业单体之间的竞争，而是企业所处的价值链之间的竞争。以价值链为基础的生态系统必须借助于信息管理系统才能形成良性循环，集成信息流、资金流和物流，将供应商、制造商、协作厂家、分销商、客户等全部纳入管理资源之中，使业务流程更加紧密地集成在一起，进而提高对客户的快速响应能力。

# 1.4　移动电商的应用类型

移动电商的应用类型包括移动购物、移动网约车、移动旅游、移动医疗等，下面具体介绍。

**课堂讨论**

说一说移动电商的应用类型有哪些？

## 1.4.1　移动购物

移动购物是利用移动端进行购物的形式，移动购物是移动商务发展到一定程度所衍生出的一个领域，从属于移动商务，是移动商务更高的发展层次。

纵观国内电子商务行业，移动购物平台呈现爆发性增长，各电商企业都争相推出了自己的移动端平台，知名的有手机淘宝、京东、天猫、唯品会、微店等。当然，也有专门基于移动端的个性化购物平台。

移动购物平台是 PC 端网购平台的进化形式，基于手机及平板电脑等移动终端来进行电子商务活动。目前，各电商企业都在争抢移动购物流量入口，以微信、微博等社交工具为依托的移动购物平台迅速崛起。这些平台存在客户黏性强、推广快和碎片化购物的特点。

**课堂实践**

### 做好移动购物服务的方法

怎样才能做好移动购物服务呢？下面将介绍做好移动购物服务的一些方法。

**1. 重视电商平台的粉丝**

很多移动购物商家总是考虑如何在其他地方找粉丝，却忽略了自己平台的访客。实际上，这些访客的精准度非常高。所以在自己平台吸粉，绝对是个好方法，具体做法包括在电商网站应用横幅导航引导、浮窗引导，以及使用各种促销优惠引导、在线客服和电话沟通引导等。图 1-19 所示为京东官方网站的移动端二维码。

**2. 采用促销活动让客户主动分享**

移动购物商家可以采用促销活动，让客户主动分享内容到朋友圈或微信群。比如，把包邮活动推送给客户，并且在内容中提示把活动分享给 10 个好友才可以享受包邮服务。一般而言，朋友之间的分享转化率很高，能够形成不断扩散的效果。

图 1-19　京东官方网站的移动端二维码

**3.　以旧换新活动**

移动购物商家可以推出以旧换新活动。家里有旧家电的客户可以参加商家推出的家电以旧换新活动。客户在移动购物平台登记报名后，商家安排专门人员上门收旧，为客户开具收旧凭证、支付收旧金额。客户凭收旧凭证证购买新家电便可享受以旧换新的补贴。节能补贴、以旧换新补贴如图 1-20 所示。

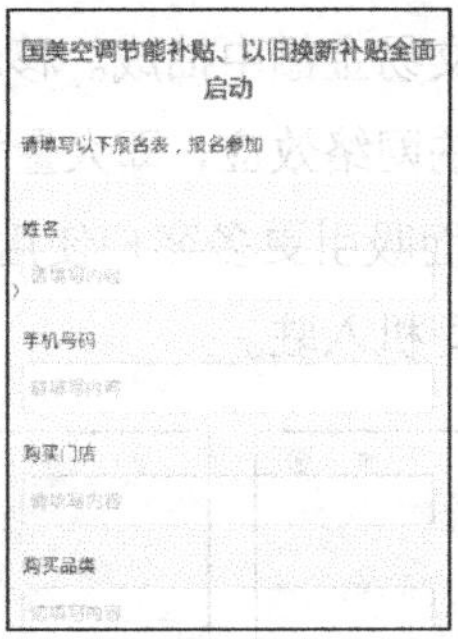

图 1-20　节能补贴、以旧换新补贴

**4.　给客户推送商品信息**

移动购物商家一般都有固定的客户群，可以将移动购物平台上的图文信息发给老客户，或向老客户快递样品，提前让老客户知道自己推出了新款式。商品图文信息如图 1-21 所示。

**5.　优惠促销活动**

移动购物商家需要及时更新优惠促销活动，如推出优惠代金券。优惠代金券领取页面如图 1-22 所示。

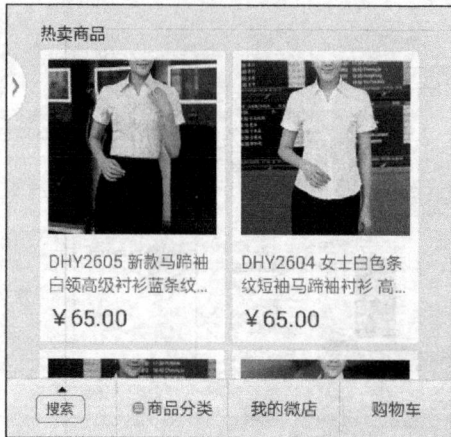

图 1-21　商品图文信息　　　　　　图 1-22　优惠代金券领取页面

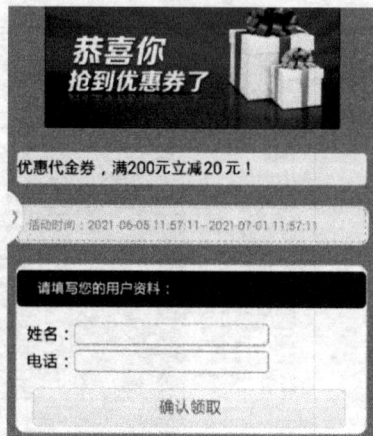

### ▶▶▶ 1.4.2　移动网约车

移动网约车即通过移动网络预约出租车的简称，是指通过移动互联网平台对接司机、车辆和客户，提供出租车服务的经营活动。其核心的商业逻辑比较简单，利益关联方主要包括平台、司机、车辆、客户。

具体表现为：客户通过移动网约车平台打车，平台匹配车辆与司机完成服务，客户为打车服务付费，平台从交易金额中抽成。移动网约车平台如图 1-23 所示。

移动网约车平台存在一定的网络效应，即大量司机入驻会优化客户打车体验，具体表现为打车时间缩短，从而吸引更多客户使用移动网约车平台，更多客户带来更多的订单，又会吸引更多司机入驻。

图 1-23　移动网约车平台

## 做好移动网约车服务的方法

怎样才能做好移动网约车服务呢？下面将介绍做好移动网约车服务的一些方法。

**1. 网络返利促销**

移动网约车平台可以推出优惠补贴活动，如分享朋友圈获话费服务活动；使用微信支付后抢红包的活动；每次支付完将红包分享给微信好友，与好友一起抢红包等活动。这样既可以提升客户的服务体验，又可以宣传平台。

**2. 特价拼车**

移动网约车平台可以设置"特价拼车"的功能，相较于"普通拼车"，"特价拼车"更具价格优势，可以吸引更多客户，让司机收获更多订单。特价拼车页面如图1-24所示。

**3. 超级会员**

移动网约车平台可推出超级会员服务。开通超级会员之后，客户可以享受到更多的福利，如可以享有出行礼包、快车券或拼车券。超级会员开通页面如图1-25所示。

图 1-24　特价拼车页面　　　　图 1-25　超级会员开通页面

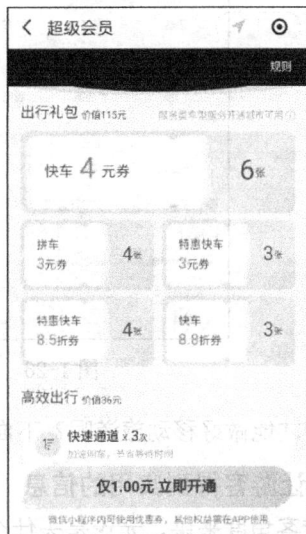

**4. 内容营销**

内容营销是指通过文字、图片、动画等载体向客户传递有价值的信息，以促进销售，实现网络营销的目的。例如，某专车品牌广告《感谢自己篇》和《感谢最爱篇》，通过院线、主流视频网站进行贴片发布，经过网络社交平台发酵，在城市"赶跑族"中引发共鸣。

5. 跨界公益营销

移动网约车平台可开展跨界公益营销。例如，某专车公司推出"滴士节"活动，为司机发放纸巾盒、充电宝等；与多家便利店合作，司机可以在便利店里享受热水、Wi-Fi 等。这类活动提高了品牌的美誉度。

## ▶▶▶ 1.4.3 移动旅游

移动旅游是指以移动网络为载体，以旅游信息库、电子化商务银行为基础，利用先进的电子手段运营旅游业及其分销系统的商务体系。旅游电子商务为旅游业提供了一个互联网平台。移动旅游电商则是利用移动端为广大游客提供旅游服务的互联网平台。比较典型的移动旅游电商有携程旅行、去哪儿网、途牛旅游、马蜂窝旅游等。途牛旅游微信小程序如图 1-26 所示。

图 1-26　途牛旅游微信小程序

怎样才能做好移动旅游呢？下面将介绍做好移动旅游的一些方法。

### 1. 让游客得到实用的信息

从游客角度来讲，无论是去什么地方旅游，肯定要先了解景区、景点信息，然后再安排食宿和确定出行方式。清晰地展示旅游景区图片和旅游行程，可让游客获得实用的信息，图 1-27 所示为实用的信息。

### 2. 推送的内容多样化、趣味化

通过移动旅游平台每天向游客推送景区介绍、景区图片、优惠券、活动规则、活动方式，那么游客迟早有一天会被打动。推送活动内容如图1-28所示。

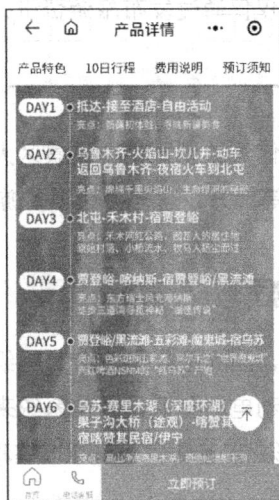

图1-27　实用的信息

图1-28　推送活动内容

### 3．网上评论

每个旅行团旅行结束之后还可以让游客通过网络反馈意见，进行评论，如图1-29所示。

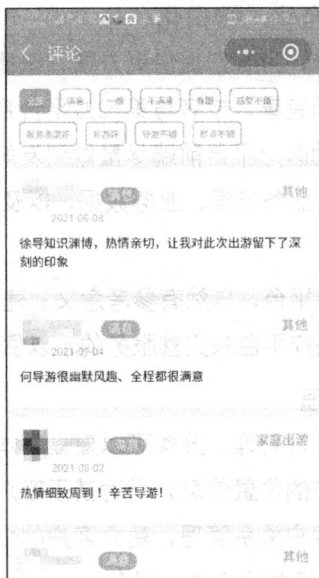

图1-29　评论

### 4．整理发送游记感受

游客可以通过移动旅游平台发布自己旅行的感受、游记或美照，移动旅游平台收集整理这些内容之后群发给订阅客户。有趣、新鲜、有内容的移动旅游平台，才能够获得游客的青睐，不应仅仅通过发布旅游资讯、景点介绍这一种方式与游客沟通。

### 5．推广二维码

可以将景区的二维码及微信号放到宣传单、景区大门、景区门票、宣传广告页面、网站首页、景区内展板等地方，这样会让很多游客关注。

## ▶▶▶ 1.4.4　移动医疗

移动医疗也称为移动健康，国际医疗卫生会员组织给出的定义是通过使用移动通信技术，如掌上电脑、移动电话和卫星通信系统来提供医疗服务和信息。具体到移动互联网领域，其应用形式以基于安卓和 iOS 等移动终端系统的医疗健康类App 为主。

2013 年，部分医疗机构就开始试运行移动医疗平台，包括北京同仁医院、北京口腔医院、北京佑安医院、北京中医院、杭州第一人民医院、中国人民解放军空军总医院等。

怎样才能做好移动医疗平台呢？下面将介绍做好移动医疗平台的一些方法。

### 1．将技术和服务平台化、接口化

可以优化医疗业务流程，为客户提供更方便、快捷的服务。移动医疗平台运营后期随着后台功能的逐渐完善，或者与第三方平台合作，可以实现更多的服务便利。需要注意的是，移动医疗平台前端尽量做到友好易用，后台则需要更复杂些，实现与实体业务逻辑、业务流程、业务数据，以及管理体系的深度融合。

### 2．参考同行平台

同行做得好的移动医疗平台，自然有参考意义。建议在做移动医疗平台之前，观察同行是怎样利用移动医疗平台来完善服务的，以便为客户提供周到的服务。

### 3．重视客户分组管理

通过后台对客户信息进行管理、分类可以建立基本的客户信息档案。获取客户地理位置接口以获取客户的位置信息，同时基于客户分组接口对客户分类，有助于分辨目标客户，进行客户关系管理，建立客户的个人档案，根据不同类型的客户进行有针对性的服务，即提供个性化服务。

### 4．选择质量高的推送内容

移动医疗平台在宣传时应该加强与医院有关的医疗常识的选编与推送，注重内容的趣味性、常识性、指导性与建议性。常识性健康知识内容的推送能够引起客户的分享转发，提高医疗机构的曝光率。移动医疗平台高质量的推送内容如图1-30所示。

### 5. 增设互动内容

要尽最大可能吸引客户，应回归移动医疗的本质——互动。可以在移动医疗平台中增设一些互动栏目，如在线听课、服务评价。服务评价如图1-31所示。

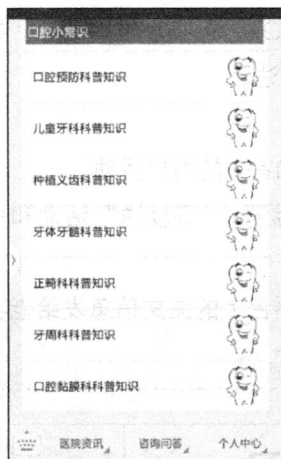

图1-30 移动医疗平台高质量的推送内容

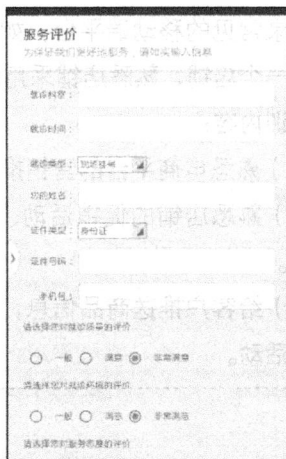

图1-31 服务评价

### 6. 为客户提供医疗服务

为客户提供相关医疗服务，客户关注什么，就提供什么。根据客户的主要需求，移动医疗平台可提供在线预约挂号、在线问诊、化验单查询、取报告单、安排复诊时间、疑难解答等服务。在线挂号如图1-32所示，医院科室介绍如图1-33所示。

图1-32 在线挂号

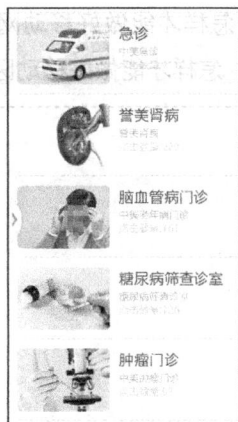

图1-33 医院科室介绍

## 任务实训

**实训目标：**

熟悉常见的移动购物平台，掌握移动购物商家的营销推广方法，通过具体的任务实训来加深对本章知识的理解和认识。

**实训练习：**

登录常见的移动端平台，如手机淘宝、京东、天猫、唯品会等。在平台中找到一个店铺，熟悉店铺采用的推广营销方法。

**实训内容：**

（1）熟悉电商平台的营销推广活动，参加官方的推广活动。

（2）熟悉店铺的促销活动、推出优惠代金券、"满就送"活动和打折促销活动。

（3）给客户推送商品信息，把移动购物平台上的图文信息发给老客户，如包邮活动。

## 思考与练习

1．移动电商的特征有哪些？

2．移动电商的商业模式有哪些？

3．移动电商的主体包括哪些？

4．常见的移动电商的应用类型包括哪些？

5．怎样才能做好移动网约车服务，做好移动网约车服务的方法有哪些？

6．怎样才能做好移动医疗，做好移动医疗的方法有哪些？

# 第2章
# 移动电商技术

## 学习目标

- 熟悉移动电商技术基础
- 掌握移动电商网站开发技术
- 掌握云计算和大数据与物联网技术

## 引导案例

### 金山手机卫士为移动电商保驾护航

近年来，政府加大了对电信基础设施建设的投资和支持力度。随着5G通信技术的普遍应用，通过移动终端上网的网速得到了极大提升，但是随之而来的是流量超支、乱扣费等问题。移动电商在为客户提供个性化服务的同时，也为客户解决了上述问题。

例如，金山手机卫士App能够提供病毒查杀、骚扰拦截、流量监控、手机防盗等多种功能，客户可以通过该App中的流量监控功能对流量进行监控，预防流量使用超支导致的扣费。在使用该项服务时，客户需要在App中开启该项功能，还需要进行运营商信息设置和流量上限设置。当所有的设置完成后，金山手机卫士App会自动提示客户开启手机的流量监控，客户在了解流量剩余的情况下使用流量，就会大大减少因为流量超支而被扣费的现象。

移动电商是一个极其复杂的系统工程，它的发展不但需要基础设施的保障，而且需要相关技术支持。本章介绍了移动电商相关技术。

近年来，移动通信技术取得了跨越式的进步，而这种进步又促使移动电商取得爆发式发展，进而影响社会生活的各个方面。本章介绍常用的移动电商技术，包括移动电商技术基础、移动电商网站开发技术，以及云计算、大数据与物联网技术、人工智能。

# 2.1 移动电商技术基础

近年来，支撑和推动移动电商发展的技术不断涌现和发展，移动电商技术基础包括无线应用协议、通用分组无线业务、移动 IP 技术、蓝牙技术、移动定位技术、5G 技术、Wi-Fi 技术和射频识别技术。

移动电商技术基础

## ▶▶▶ 2.1.1 无线应用协议

无线应用协议的作用是通过将互联网上的 HTML（超文本标记语言）信息转变为 WML（无线标记语言）信息，令信息可以在手机屏幕上顺利显示。

通过无线应用协议，手机可以随时随地、方便快捷地接入互联网，真正实现不受时间和地域的约束。无线应用协议服务器模型通过建立一个具有无线应用协议网关的 Web 服务器来解决端到端的问题。图 2-1 所示为无线应用协议服务器模型。

图 2-1 无线应用协议服务器模型

无线应用协议于 1998 年初公布，是一项网络通信协议，是全球性的开放标准。它的出现标志着移动互联网标准的成熟。

过去，互联网的接入一直受到手机等设备和无线网络的限制。随着移动通信技术以及互联网技术的发展，无线应用协议技术已经成为移动终端访问无线信息服务的主要标准。

议）和 IP（网际互连协议）等互联网的标准协议，它的许多规程建立在 HTTP（超文本传输协议）和 TLS（安全传输层协议）等互联网标准之上，并且进行了优化，克服了原来无线环境下低宽带、高延迟和连接不稳定等弊病。

如今，移动终端上网客户的增长率远远高于 PC 端。无线应用协议不但使现有的许多应用得到突飞猛进的发展，同时也催生了更多的增值应用。因此，无线应用协议的发展前景无可估量。

### ▶▶▶ 2.1.2　通用分组无线业务

通用分组无线业务（GPRS）是一种特殊的移动数据业务，可以为全球移动通信系统（GSM）移动电话客户提供服务，它是第二代移动通信数据传输技术中的一种。从某种程度上讲，它就是 GSM 的后续发展，并以封包格式来传输数据，其速率能够达到 114kbit/s。

通用分组无线业务是一种由 GSM 提供的，使移动客户能在端到端分组传输模式下发送和接收数据的无线分组业务。通用分组无线业务主要有以下优势。

#### 1. 连接费用低

通用分组无线业务引入了分组交换的传输模式，使得数据传输方式发生了根本性的变化。通用分组无线业务客户的连接时间虽然可能长达数小时，却只需要支付相对低廉的连接费用。

#### 2. 传输速率高

通用分组无线业务传输速率高，传输速率的理论峰值为 384kbit/s。该数据意味着在数年内，通过便携式计算机，通用分组无线业务客户的上网速度得到了极大的提升，也使一些对传输速率较敏感的移动多媒体应用成为可能。

#### 3. 接入时间短

通用分组无线业务的接入时间短。通用分组无线业务一般采用分组交换技术，可以同时让多个客户共享某些固定的信道资源。

从业务的角度分析，通用分组无线业务能够为客户提供以下丰富的应用服务。

（1）移动信息应用：天气、信息点播、旅游、黄页、新闻等应用。

（2）虚拟专用网应用：网上商城、网上移动营业厅、微店等。

（3）多媒体应用：视频通话、游戏、音乐等。

（4）私人定制应用：按照个体的需求定制相应的服务。

上述业务虽然并不局限于采用通用分组无线业务作为网络载体来实现，但是通用分组无线业务具有的载体特色可以为客户提供更好的服务。

通用分组无线业务具有实时在线、按量计费、快捷登录、高速传输、自如切换、资源共享、宽带丰富等优点。它本身不是一种业务，而是一种更好的网络承载方式。通用分组无线业务的技术特点也催生了一些特别适合带宽同一部分网络的应用服务，如网上聊天、移动炒股、远程监控、远程计数等小流量、高频率传输的数据业务。

### ▶▶▶ 2.1.3 移动 IP 技术

移动 IP 技术是一种将移动通信和 IP 进行融合的技术。它融合了语音和数据的双重业务，以无线语音和无线数据在 IP 平台进行传输为主要目标。对于现有的移动通信方式来说，移动 IP 技术带来了极为深刻的变革。

移动 IP 技术是指移动节点（计算机、服务器、网段等）以固定的网络 IP 地址，实现跨越不同网段的漫游功能，并且保证基于网络 IP 的网络权限在漫游过程中不会发生任何改变。简而言之，移动 IP 技术就是让计算机在互联网以及局域网中不受任何限制地实现即时漫游。

移动 IP 技术被应用于所有基于 TCP/IP 的网络环境中，为人们提供了无限广阔的网络漫游服务。移动 IP 技术主要被应用于以下几个方面。

（1）公众服务：移动 IP 技术可用于为公众提供真实可靠的天气预报、新闻、体育、娱乐、交通，以及投资等行业的相关信息。

（2）商业服务：除了基础的办公服务外，移动 IP 技术还可用于为各类商业活动提供服务，如远程视频会议、工程竞标、产品预购、拍卖、股票交易等商业活动。

（3）个人服务：个人服务包括浏览网页、收发邮件、视频聊天、电话增值业务等。

### ▶▶▶ 2.1.4 蓝牙技术

蓝牙技术是一种支持设备短距离（一般为 10 米内）通信的无线电技术，手机、无线耳机、笔记本电脑等设备都支持使用这种技术。

蓝牙是指可实现固定设备、移动设备和楼宇个人域网之间的短距离数据交换的一种无线技术标准。爱立信公司在 1994 年创制了蓝牙技术，当时将其作为 RS-232 接口的替代方案。蓝牙技术可以连接多个设备，克服了数据难以同步的难题。

蓝牙设备可通过无线电波相互连接。当想要通过各蓝牙设备相互交流时，需要进行配对，当网络环境创建成功后，一台设备作为主设备，而所有其他设备作为从设备。

**知识链接**

蓝牙技术的主要特点是无处不在、功耗低、易于使用及应用成本低。

### ▶▶▶ 2.1.5　移动定位技术

移动定位技术也称为全球定位系统，其基本原理是通过测量某固定卫星到接收机的距离，再对其他几颗卫星的数据进行综合，得出接收机的地理位置。

移动定位技术与紧急救援、医疗、航海等方面息息相关，在服务于大众日常生活的同时，也为国家带来了极大的便利。近年来，互联网的高速发展在某种程度上加快了移动定位技术的发展。

**知识链接**

移动定位技术基本上以无线网络作为基础，以导航系统作为支撑，形成了无线网络定位、定位设备定位以及两者结合的定位技术。

### ▶▶▶ 2.1.6　5G 技术

5G 技术是指第五代移动通信技术，是具有高速、低时延和大连接特点的新一代宽带移动通信技术，是实现人、机、物互联的网络基础设施。对于移动电商平台来说，5G 技术具有以下优势。

**课堂讨论**

你使用 5G 手机了吗？你认为 5G 技术有哪些优势？

#### 1. 高速度

高速度是 5G 技术最大的一个优势，相比于 4G 技术，5G 技术将给人们带来更快的网速。随着网速的提高，更多的客户会成为移动互联网的参与者，电商也将迎来新的发展机遇。

### 2. 便于体验

5G 技术为企业提供更强的移动端连通性，将使数码科技体验成为主流。能让客户获得真实的体验是实体店铺一个巨大的优势。在应用 5G 技术的情况下，线上线下将深度融合，在互联网、大数据等技术驱动的模式创新中，各物体将会重新连接起来，运用新的方法和手段，为客户带来不一样的消费体验。

目前手机淘宝等大型移动电商平台，在商品展示环节增加了不同类型的展示体验功能。例如，在商品详情页上增加了视频展示环节，为客户带来产品演示视频；在首页增加了微淘服务，使客户之间、商家之间产生信任；增加了真人直播的环节，通过真人直播，客户能看到服装上身的效果，从而更准确地做出判断。

### 3. 低时延

5G 技术对时延的最低要求是 1 毫秒。5G 技术可以应用于无人驾驶、工业自动化等方面。随着 5G 技术的发展，远距离、稳定、高效、低延迟的无人机将会应用于电商物流环节，如京东已经搭建了无人快递车和无人机运输网络。

### 4. 万物互联

迈入 5G 时代，除了移动手机、计算机等上网设备需要使用网络以外，越来越多的智能家电设备、可穿戴设备、共享汽车等也需要联网，在联网之后就可以实现实时和智能化的管理，而 5G 技术的互联性也让这些设备有成为智能设备的可能。

## ▶▶▶ 2.1.7  Wi-Fi 技术

Wi-Fi 技术是一种可以将计算机、手持设备等终端以无线方式互相连接的技术。我们可以将无线网络上网简单地理解为无线上网，几乎所有的智能手机、平板电脑和笔记本电脑都支持无线保真上网。Wi-Fi 技术是当今使用较多的一种无线网络传输技术。其原理实际上就是把有线网络信号转换成高频无线电信号。与其他网络技术相比，Wi-Fi 技术有以下优点。

### 1. Wi-Fi 技术能满足用户的移动联网需求

在以往的有线网络中，用户只能在固定的、有有线接入点的地方访问网络，这极大地限制了用户的使用范围。然而，接入 Wi-Fi 以后，用户可以手持笔记本电脑、智能手机以及平板电脑等终端，在任何地点连入互联网进行商务活动，这有利于推动移动商务的快速发展。

### 2. Wi-Fi 的接入比有线网络方便

Wi-Fi 的接入方式相比于有线网络的接入方式，更加方便、灵活。传统的物理布线有时需要穿墙打洞，布线过程非常繁杂；相比较而言，使用 Wi-Fi 技术只需安装一个或多个设备，就可以解决一个区域的上网问题，有利于互联网的快速覆盖，让更多的用户更快地使用互联网。

### 3. Wi-Fi 技术成本低

在网络设施建设中，与有线网络相比，Wi-Fi 技术非常灵活，不需要考虑线路的铺设位置，只需要根据日后用户使用情况逐渐进行扩展，在维护成本上也比有线网络更为节省。

### ▶▶▶ 2.1.8  射频识别技术

射频识别（RFID）技术是一种非接触式的自动识别技术，它通过射频信号自动识别目标对象并获取相关数据，识别工作不需要人工干预，可用于各种恶劣环境。RFID 技术可识别高速运动物体并可同时识别多个标签，操作快捷方便。

RFID 技术基于一种简单的无线系统，只需要两种基本器件，用于控制、检测和跟踪物体。该系统由一个询问器（或阅读器）和很多应答器（或标签）组成。RFID 技术的工作原理并不复杂：标签进入磁场后，接收阅读器发出的射频信号，凭借感应电流所提供的能量发送出存储在芯片中的产品信息，或者主动发送某一频率的信号；阅读器读取信息并解码后，送至中央信息系统进行有关数据处理。

阅读器根据使用的结构和技术不同可以是读装置，也可以是读/写装置，是 RFID 系统的信息控制和处理中心。阅读器通常由耦合模块、收发模块、控制模块和接口单元组成。阅读器和应答器之间一般采用半双工通信方式进行信息交换，同时阅读器通过耦合模块给无源应答器提供能量和时序。

## 2.2  移动电商网站开发技术

下面介绍移动电商网站开发中常用的技术，包括 HTML5 技术、CSS3 技术、JavaScript 技术和数据库技术。

### ▶▶▶ 2.2.1  HTML5 技术

移动电商网站开发技术

HTML5 延续了 HTML 标准并且进行了革新，它的革新之处可通过 W3C（万维网联盟）对它的定义来说明：HTML5 是开放 Web 标准的基石，它是一个完整的编程环境，适用于跨平台应用程序、视频和动画、图形、风格、排版

和其他数字内容发布工具等。

在新的 HTML5 语法规则当中，部分 JavaScript 代码被 HTML5 的新属性替代，部分 DIV（图层）的布局代码被 HTML5 变为更加语义化的结构标签，这使得网站前端的代码变得更加精练、简洁和清晰，让代码的开发者对代码所要表达的意思一目了然。

HTML5 是一种用来组织 Web 内容的语言，其目的是通过创建一种标准和直观的标签语言，使 Web 设计和开发变得容易。HTML5 提供了各种切割和划分页面的手段，允许创建的切割组件不仅能用来有逻辑地组织站点，而且能够赋予网站聚合的能力。这是 HTML5 富于表现力的语义和实用性美学的基础。HTML5 赋予设计者和开发者各种层面的能力来向外发布各式各样的内容，从简单的文本内容到丰富的、交互式的多媒体无不包括在内。图 2-2 所示为用 HTML5 实现的动画特效。

图 2-2　用 HTML5 实现的动画特效

HTML5 提供了高效的数据管理、绘图、视频和音频工具，促进了 Web 和便携式设备的跨浏览器应用的开发。HTML5 允许更大的灵活性，支持开发交互式网站。图 2-3 所示为使用 HTML5 制作的抽奖游戏。

HTML5 中的新标签都是高度关联的，标签封装了它们的作用和用法。HTML 的以前版本更多地使用非描述性的标签，然而，HTML5 拥有高度描述性的、直观的标签，它提供了丰富的、能够立刻让人识别内容的标签。例如，被频繁使用的<div>标签已经有了两个增补的<section>和<article>标签。<video>、<audio>、<canvas>和<figure>标签的增加也提供了对特定类型内容更加精确的描述。

在 HTML 中，所有的标签都是成对出现的，而结束标签为在开始标签前增加一个 "/"。标签与标签之间可以嵌套，也可以放置各种属性。此外，在源文件中标签是不区分大小写的。

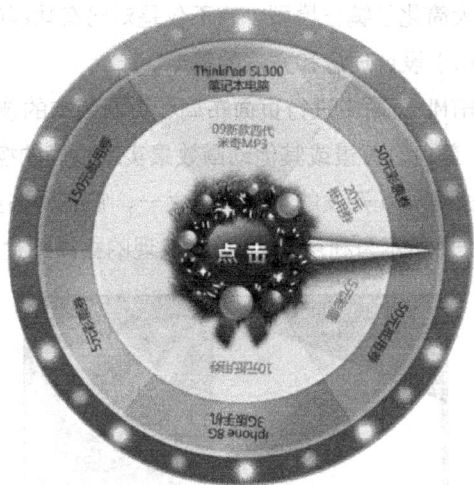

图 2-3 使用 HTML5 制作的抽奖游戏

HTML 定义了以下 3 种标签，用于描述页面的整体结构。

<!doctype html>：告知浏览器文档所使用的 HTML 规范。

<html>标签：它放在 HTML 文档的开头，表示网页文档的开始。

<head>标签：出现在文档的起始部分，标明文档的头部信息，一般包括标题和主题信息，其结束标签</head>指明文档标题部分的结束。

<body>标签：用来指明文档的主体区域，网页所要显示的内容都放在这个标签内，其结束标签</body>指明主体区域的结束。

## ▶▶▶ 2.2.2　CSS3 技术

CSS 是 Cascading Style Sheets 的缩写，是指串联样式表，简称为样式表。它是一种制作网页的技术，现在已经为大多数浏览器所支持。CSS 首要的功能是为网页上的元素精确定位，它能使网页上的内容结构和格式控制相分离。浏览者想要看到网页上的内容结构，为了让浏览者更好地看到这些信息，就要使用格式来控制。

CSS3 是 CSS 的新版本，在 CSS2.1 的基础上增加了很多强大的新功能，以帮助开发人员解决一些问题，如圆角、多背景、透明度、阴影等功能。

CSS3 语言开发是朝着模块化发展的。以前的规范只有一个模块，很庞大而且比较复杂，所以，CSS3 把它分解为一些小的模块，也加入了很多新的模块。这些模块包括盒子模型、列表模块、超链接方式、语言模块、背景和边框、文字特效、多栏布局等。

CSS3 的产生大大简化了编程模型，它不仅是对已有功能的扩展和延伸，更多的是对 Web 界面（UI）设计理念和方法的革新。

CSS3 是用于在 HTML 页面中进行页面布局和页面装饰的技术，可以更加有效地对页面布局、字体、颜色、背景或其他动画效果实现精确的控制。

目前，CSS3 是移动 Web 开发的主要技术之一，它在网站页面布局、修饰方面有重要的作用。图 2-4 所示为利用 CSS3 技术实现的立体图片。

图 2-4 利用 CSS3 技术实现的立体图片

### ▶▶▶ 2.2.3 JavaScript 技术

JavaScript 是一种基于对象和事件驱动并具有相对安全性的客户端脚本语言，同时也是一种广泛用于客户端网站开发的脚本语言，常用来给网页添加动态功能，如响应用户的各种操作的功能。

JavaScript 是网页中广泛使用的一种脚本语言，也是目前网页设计中容易学又较方便的语言，现在的网页开发基本上离不开 JavaScript。使用 JavaScript 可以使网页产生动态效果，并以其简单实用的特点备受用户的欢迎。

JavaScript 仅仅是一种嵌入 HTML 文件中的描述性语言，它并不编译产生机器代码，只是由浏览器的解释器将其动态地处理成可执行的代码，而 Java 语言是一种比较复杂的编译性语言。

JavaScript 由 Java 集成而来，因此它是一种面向对象的程序设计语言。它所包含的对象有两个组成部分，即变量和函数，也称为属性和方法。

JavaScript 是一种解释型的、基于对象的脚本语言。尽管与 C++这样成熟的面向对象的语言相比，JavaScript 的功能要弱一些，但对于它的预期用途而言，JavaScript 的功能已经足够了。JavaScript 是一种宽松类型的语言，宽松类型意味着不必显式定义变量的数据类型。事实上，人们无法在 JavaScript 上明确地定义数据类型。此外，在大多数情况下，JavaScript 将根据需要自动进行转换。

## 课堂实践

### JavaScript 脚本的使用

JavaScript 在 HTML 文档中的位置如下。

1. 位于 head 部分的脚本

当脚本被调用时，或者当事件被触发时，脚本就会被执行。当把脚本放置到 head 部分后，就可以确保在需要使用脚本之前，它已经被载入了。把样式表放到文档的 head 内部会加快页面的下载速度。这是因为把样式表放到 head 内会使页面有步骤地加载显示。

```
<!doctype html>
<html>
<head>
<meta charset="utf-8">
<head>
<script type="text/javascript">
...
</script>
</head>
```

2. 位于 body 部分的脚本

在页面载入时脚本就会被执行。当把脚本放置于 body 部分后，它就会生成页面的内容。

```
<!doctype html>
<html>
<head>
<meta charset="utf-8">
<head>
</head>
<body>
```

```
<script type="text/javascript">
...
</script>
</body>
</html>
```

3. 使用外部 JavaScript

如果打算在多个页面中使用同一个脚本，则最好将其放置在一个外部 JavaScript 文件中。在实际应用中使用外部文件可以提高页面加载速度，因为 JavaScript 文件能在浏览器中产生缓存。置于 HTML 文档中的 JavaScript 文件则会在每次请求中随 HTML 文档重新下载，这增加了 HTML 文档的大小。

```
<!doctype html>
<html>
<head>
<meta charset="utf-8">
<head>
<script src="xxx.js">...</script>
</head>
<body>
</body>
</html>
```

## ▶▶▶ 2.2.4　数据库技术

数据库就是计算机中用于存储、处理大量数据的软件，是一些关于某个特定主题或目的的信息集合。数据库系统的主要目的在于维护信息，并在必要时为取得这些信息提供协助。

数据库是创建电商网站的基础。对于电商网站，一般都要准备一个用于存储、管理和获取客户信息的数据库。利用数据库制作的网站：一方面，在前台，访问者可以利用查询功能很快地找到自己想要的资料；另一方面，在后台，网站管理者通过后台管理系统可以很方便地管理网站，而且后台管理系统界面很直观，易于使用。

互联网的内容信息绝大多数都存储在数据库中，可以将数据库看作一家制造工厂的产品仓库，专门用于存放产品。这个仓库具有严格而规范的管理制度，入库、出库、清点、维护等日常管理工作都十分有序，并且还以科学、有效的手段保证产品的安全。数据库的出现和应用使得客户对网站内容的新建、修改、删除、搜索变得更为轻松、自由、简单和快捷。网站的内容既繁多，又复杂，并且其信息数量和长度根本无法统计，所以必须采用数据库来管理。

目前有许多数据库系统，如 Oracle、Microsoft SQL Server 和 Microsoft Access 等系统。下面简要介绍几种常用的数据库管理系统。

### 1. Oracle

Oracle 是最早商品化的关系型数据库管理系统，其应用广泛、功能强大。Oracle 作为一个通用的数据库管理系统，不仅具有完整的数据库管理功能，还是一个分布式数据库系统，支持各种分布式功能，特别是支持 Internet 应用。作为一个应用开发环境，Oracle 提供了一套界面友好、功能齐全的数据库开发工具。Oracle 使用 PL/SQL 语言执行各种操作，具有可开放性、可移植性、可伸缩性等特点。

### 2. Microsoft SQL Server

Microsoft SQL Server 是一种典型的关系型数据库管理系统，可以在许多操作系统上运行，它使用 Transact-SQL 语言完成数据操作。Microsoft SQL Server 是开放式的系统，其他系统可以与它进行完整的交互操作。目前最新版本的产品为 Microsoft SQL Server 2021，它具有可靠性、可伸缩性、可用性、可管理性等特点，能为用户提供完整的数据库解决方案。

### 3. Microsoft Access

作为 Microsoft Office 组件之一的 Microsoft Access 是在 Windows 环境下非常常见的桌面型数据库管理系统。使用 Microsoft Access 时，无须编写任何代码，只需通过直观的可视化操作就可以完成大部分数据管理任务。在 Microsoft Access 数据库中，有许多组成数据库的基本要素。这些要素包括存储信息的表、显示人机交互界面的窗体、有效检索数据的查询、信息输出载体的报表、提高应用效率的宏、功能强大的模块工具等。它不仅可以通过 ODBC（开放数据库互连）与其他数据库相连，实现数据交换和共享，还可以与 Word、Excel 等办公软件进行数据交换和共享，并且通过对象链接与嵌入技术在数据库中嵌入和链接声音、图像等多媒体数据。

## 2.3 其他新技术

移动电商技术还包括云计算、大数据与物联网技术、人工智能等。下面简单介绍这些技术。

### >>> 2.3.1 云计算

云计算是分布式计算的一种，指的是通过网络"云"将巨大的数据计算处理程序分解成无数个小程序，然后通过多部服务器组成的系统，处理和分析这些小程序，得到结果并返回给客户。将云计算与移动电商相结合，是一种新发展、新趋势，这将为移动电商提供更高效的运作模式。

云计算的应用越来越广泛，目前软件即服务、平台即服务和基础设施即服务等云计算的应用已非常成熟。云计算是建立在先进互联网技术基础之上的，其主要实现形式如下。

（1）软件即服务。通常由客户发出服务需求，云系统通过浏览器向客户提供资源和程序等。值得一提的是，利用浏览器传递服务信息不产生任何费用，供应商只要做好应用程序的维护工作即可。

（2）网络即服务。通过云计算，开发者能够在API的基础上不断改进、开发出新的应用产品，大大提高单机程序中的操作性能。

（3）平台即服务。这种形式一般服务于开发环境，协助中间商对程序进行研发与升级，同时完善下载功能，客户可通过互联网下载所需内容，具有快捷、高效的特点。

（4）互联网整合。利用互联网发出指令时，在同类服务众多的情况下，云系统会根据终端客户需求匹配与之相适应的服务。

（5）商业服务平台。构建商业服务平台的目的是给客户和提供商提供一个沟通平台，从而需要搭配应用管理服务和软件即服务。

（6）管理服务提供商。管理服务提供商是采用业界领先的系统管理技术，由经验丰富的系统管理专家通过网络为企业提供24×7×365的系统管理服务。常见的服务内容有：扫描邮件病毒、监控应用程序环境等。

### ▶▶▶ 2.3.2 大数据与物联网技术

大数据指无法在一定时间范围内用常规软件工具进行捕捉、管理和处理的数据集合，是需要新处理模式才能具有更强的决策力、洞察力和流程优化能力的海量、高增长率和多样化的信息资产。

大数据本身是一个抽象的概念，依托于互联网和云计算的发展，大数据在各行各业的价值越来越大。

物联网通过各种异质传感器采集海量数据，通过各类网络将数据汇聚到云计算数据中心，依靠云计算的强大处理能力对海量数据进行智能信息处理。

　　云计算是物联网发展的基石，物联网为云计算提供了丰富的数据来源，二者相辅相成，共同促进新形态信息技术的发展。在大数据时代，二者的有机融合将进一步推动数据自身应用价值的挖掘与呈现，促进信息产业爆发式发展。

　　大数据技术是将海量数据转化为有价值的信息和策略的关键，实质上就是一套完整的"数据+业务+需求"的解决方案。而物联网作为智能化社会中最为关键的一环，常常被人们忽略，作为距离客户最近的终端，它就是收集大体量、多维度的客户数据的第一线，也是把技术作用之后的效果反馈到客户体验中的窗口和桥梁。

　　目前，移动电商大数据应用最广泛的 3 个领域是营销分析、客户分析和内部运营管理，随着社交网络用户规模的不断扩张，利用社交大数据进行产品口碑分析、用户意见收集分析、品牌营销、市场推广等，是移动电商大数据应用的重点。

### ▶▶▶ 2.3.3　人工智能

人工智能

　　人工智能的英文缩写为 AI，它是研究、开发用于模拟、延伸和扩展人的智能的理论、方法、技术及应用系统的一门新的技术学科。

　　随着科学技术和经济社会的迅速发展，人工智能的应用越来越普遍，它对我们的工作和生活方式都产生了深远影响。在电子商务领域，人工智能技术同样得到了很好的应用，并取得了明显的效果。

　　目前，人工智能在移动电商领域的应用主要体现在以下几个方面。

#### 1．智能客服机器人

　　智能客服机器人涉及机器学习、大数据、自然语言处理、语义分析和理解等多项人工智能技术。智能客服机器人的主要功能是自动回复顾客问题，顾客可以通过文字、图片、语音与机器人进行交流。

　　阿里店小蜜就是一种智能客服机器人，该工具对淘宝、天猫商家是开放的。该工具让人工客服可以有更多精力去处理个性化的问题，能够帮助商家更好地管理店铺，减少人工客服的工作量。其智能辅助模式还新增了智能预测、主动营销、智能催拍等功能，使服务更热情、更有温度和更个性化，图 2-5 所示为阿里店小蜜界面。

图 2-5　阿里店小蜜界面

目前，对于淘宝、天猫商家而言，只要开启阿里店小蜜功能，这个智能客服机器人就能每天 24 小时不停地工作。因其基于云端存储技术，开通阿里店小蜜后，即使店铺断电、断网，店小蜜也能继续工作。

### 2. 推荐引擎

推荐引擎是建立在算法框架基础之上的一套完整的推荐系统。利用人工智能算法可以实现海量数据集的深度学习，分析消费者的行为，并且预测哪些产品可能会吸引消费者，从而为他们推荐商品，有效降低了消费者的选择成本。

### 3. 图片搜索

电商平台的商品展示与消费者的需求描述是通过搜索环节产生联系的。不过，基于文字的搜索行为有时很难直接引导消费者找到他们想要的商品。计算机视觉和深度学习技术，可以让消费者轻松搜索到他们正在寻找的产品。消费者只需将商品图片上传到电商平台，人工智能即可理解商品的款式、规格、颜色、品牌及其他的特征，最后为消费者提供同类型商品的销售入口。

### 4. 库存智能预测

多渠道库存规划管理是困扰电商的问题之一。库存不足时，补货所浪费的时间会对商家的收入带来很大的影响。但是如果库存过多，又会使营业风险和资金需求增加。因此，想要准确预测库存并不是一件容易的事情。这时人工智能和深度学习算法就派上用场了，它们可以识别订单周转的关键因素，通过模型计算出这些因素对周转和库存的影响。此外，学习系统的优势在于它可以随着时间的推移不断学习而变得更加智能，这就使库存的预测变得更加准确。

### 5. 智能机器人分拣

智能机器人分拣不仅灵活高效，而且适用性很强。智能机器人对场地要求比较低，数量也能根据场地条件进行增减。与人工分拣相比，在相同分拣量的情况下，智能机器人分拣货物更及时、准确，分拣环节减少，这让货物搬运次数相应减少，货物的安全更有保障。

### 6. 趋势预测

一般来说，图片中会隐藏着大量的用户信息。所以，根据用户浏览的图片，利用深度学习算法可以从中分析出最近某品类的流行趋势，如颜色、规格、材质、风格等，这也是电商平台与供货商进行谈判的重要依据。

## ▼ 任务实训 ● ● ● ●

**实训目标：**

熟悉常见的新的移动电商技术，通过具体的任务实训来加深对本章知识的理解和认识。

**实训练习：**

运用移动电商技术的一些新技术，搜索云计算服务商，使用大数据技术分析电商网站商品数据，寻找常见的人工智能技术的应用。

**实训内容：**

（1）在网上搜索常见的云计算服务商，如阿里云、天翼云、腾讯云、百度云、华为云。

（2）应用大数据技术，分析近期热销的商品或者商品类目是哪些，对数据进行筛选，确保所应用数据的真实性，将不真实的数据剔除。

（3）在电商平台寻找常见的人工智能技术的应用，如智能客服机器人、库存智能预测、智能机器人分拣、趋势预测。

## ▼ 思考与练习 ● ● ● ●

1. 通用分组无线业务有哪些优势？
2. 移动 IP 技术主要被应用于哪些方面？
3. 什么是 5G 技术，5G 技术具有哪些优势？
4. 什么是数据库，有哪些常见的数据库管理系统？
5. 人工智能在移动电商领域的应用主要体现在哪些方面？

# 第3章
# 移动电商平台

## 学习目标

- 熟悉传统电商移动端衍生平台
- 了解 O2O 移动电商平台
- 了解跨境移动电商平台
- 了解移动社交电商平台

## 引导案例

### 大学毕业生利用电商平台卖家乡土特产致富

何雅平是一个普普通通的手机淘宝卖家，出售的产品是老家的土特产，开店 3 个多月以来，已经卖了 20 万元的土特产了。

2018 年，21 岁的何雅平刚毕业 1 年。"我是学外事管理的，到底回不回家乡工作，成为摆在我眼前的一道难题。"何雅平说，她一直在犹豫：一方面想留在大城市找一份自己喜欢的工作，另一方面想为家乡做点什么。

"读书的时候，经常给同学们带家乡的土特产，发现很多人知道家乡的木耳、竹荪、香菇、核桃很好，却不知道该到哪里去买。"有一天，何雅平正在和好友聊天，突然想到"为什么不在网上销售这些土特产呢？"于是，何雅平回到了自己的家乡。产品找到了，可是这么多电商平台，选择哪个电商平台呢？最终她选择了手机淘宝平台，因为手机淘宝平台有专门的土特产频道，主打地方特色食品和手工艺品。手机淘宝平台的"特色中国"频道展示的都是我国各地具有区域特色的商品，商家如果能够成功入驻此平台，其流量是不可估量的。

"开张第一个月就赚了 50 000 多元，开店 3 个多月以来，已经卖了 20 万元的土特产了"。何雅平笑着说。她一方面实现了稳定就业，另一方面带动了周围生产农副产品的农户获得收入。

为了与网友分享自己在创业过程中的经验，她专门在网上发帖讲述自己的"淘金"故事。她说严把质量关、发货速度快和服务细致周到是她制胜的三大"法宝"。

> 💡 **课堂讨论**
>
> 1. 有哪些常见的移动电商平台？
> 2. 怎样在手机淘宝平台开设店铺？

随着移动电商的高速发展，一方面移动电商平台数量呈增加趋势，另一方面移动电商的新模式也层出不穷，大量的移动电商平台应运而生。移动电商根据不同的分类维度，可以分成不同的类别。本章将对传统电商移动端衍生平台、020 移动电商平台、跨境移动电商平台及移动社交电商平台进行分类和介绍。

# 3.1 传统电商移动端衍生平台

随着移动互联网的快速发展，移动购物市场也在不断扩展。目前，国内主流电商企业纷纷开展移动电商业务，比较有代表性的有淘宝网、京东等在传统电子商务时代发展起来的电商企业。

## ▶▶▶ 3.1.1 手机淘宝

手机淘宝是阿里巴巴专为移动端客户推出的满足其生活消费和线上购物需求的软件。该软件具有查看附近的生活优惠信息、商品搜索、浏览、购买、支付、收藏、物流查询、旺旺沟通等在线功能，是方便快捷的生活消费入口。

**手机淘宝**

淘宝网成立于 2003 年 5 月 10 日，由阿里巴巴集团投资创办。其宗旨是帮助更多的客户享用海量且丰富的商品，获得更高的生活品质；通过提供网络销售平台等基础性服务，帮助更多的企业开拓市场、建立品牌，实现产业升级；帮助更多胸怀梦想的人通过网络实现创业、就业。

随着智能端应用的快速发展，越来越多的人开始使用智能手机在网上购物，

移动端购物成为主流购物渠道，阿里巴巴顺势推出了手机淘宝。手机淘宝通过简化移动端的购物流程，面向移动场景开发新功能，让客户逐步习惯移动购物。图3-1 所示为手机淘宝首页。

图 3-1　手机淘宝首页

### ▶▶▶ 3.1.2　京东手机客户端

京东手机客户端支持多种购物方式，包括手机扫描二维码快速购物、拍照购物、语音搜索等。图 3-2 所示为京东手机客户端首页。

京东手机客户端

京东是一家自营式电商企业，在线销售计算机、手机、家电、汽车配件、服装与鞋类、奢侈品、家居与家庭用品等商品。京东迅猛的发展速度，吸引了不少卖家在京东商城开店。

京东为客户提供了愉悦的在线购物体验。通过内容丰富、人性化的网站和移动客户端，京东以富有竞争力的价格，提供具有丰富品类及卓越品质的商品和服务，以快速可靠的方式将商品送到客户手中，并且提供灵活多样的支付方式。另外，京东还为第三方卖家提供在线销售平台和物流等一系列增值服务。

图 3-2　京东手机客户端首页

# 3.2　O2O 移动电商平台

在移动互联网时代，我们在进行各种活动时，往往会借助于智能手机的各种移动应用服务。例如，想看电影时使用美团团购电影票，想吃饭时使用饿了么订餐。随着移动端软硬件技术的不断发展，移动互联网与现实生活的联系越来越紧密，连接线上与线下的 O2O 移动电商，更是对我们的工作与生活产生了深远的影响。

**课堂讨论**

常见的 O2O 移动电商平台有哪些，在日常生活中你使用过哪些 O2O 移动电商平台？

## ▶▶▶ 3.2.1　O2O 移动电商概述

O2O 就是 Online to Offline 的缩写，这种模式通过提供信息、服务预订等方式，把线下商店的消息推送给线上客户，从而将他们转化为线下客户，特别适合必须到店消费的商品和服务，如珠宝、餐饮、健身、电影演出、美容美发等，图3-3所示为美团门票和美团酒店首页。

图 3-3　美团门票和美团酒店首页

那么，适合 O2O 移动电商的行业有哪些呢？

### 1. 客户比较成熟的行业

一个行业的客户比较成熟是做 O2O 移动电商的基础。这里的"是否成熟"是指客户在消费前会不会上网查询信息，这些信息又会在多大程度上影响他们的决策。

### 2. 商家比较成熟的行业

一个行业的商家是否成熟，直接决定了线下推广是否有难度。做过 O2O 移动电商的人都知道，相比于获取客户，更难的是争取实体店的商家。客户通过流量导入就可以引进，而商家则需要一家一家地谈。

### 3. 需求比较旺盛的行业

只有需求比较旺盛的行业，才有更多的盈利空间。

### 4. 规模大的行业

只有规模大的行业才有更多的发展空间。例如，外卖行业，吃饭是每个人的刚需，餐饮行业的市场足够大，这才有了美团外卖、饿了么等平台。

### ▶▶▶ 3.2.2 O2O 移动电商营销策略

O2O 电商与移动端的联系日益紧密，衍生出很多具体的 O2O 营销方法。这些方法既符合移动端碎片化的经营特点，又结合了线上与线下的双重优势，很适合在营销实战过程中加以应用。

#### 1. 体验式营销

若想实施体验式营销，商家就需要从各个方面进行综合分析。例如，内部发展情况、外部市场情况、竞争对手实力、目标客户定位、目标客户喜好等。除此之外，影响目标客户行为和价值观的文化因素，也是商家需要慎重考虑的方面。只有将上述方面做到位，搭建一个完整、合理的体验式营销体系，才能起到良好的营销效果。

（1）重视客户体验。

我们都有这样的经历：买衣服或鞋子时喜欢试穿，买手机或其他电子产品时喜欢试用。如果商家拒绝我们的体验要求，我们就不太可能会购买其产品。这就是客户体验需求的具体体现。

📋 **知识链接**

商家在开展营销活动时，需要站在客户的角度，满足他们对于产品的体验需求，体现自身产品和服务的体验价值。只有这样，才能引发客户情感上的共鸣，使客户愿意与商家进行有效沟通，从而更易产生购买行为。

（2）重视环境体验。

一瓶饮料的成本可能只有几元，但是当其作为商品在商店出售时，价格可能会是十几元，而当其在五星级大酒店出售时，价格可能会达到几十元，甚至上百元。这就是环境因素对商品价格的影响。

在不同的环境中，客户对同等商品的价格接受度是不一样的。商家在开展营销活动时，也要注重打造良好的购物环境与氛围，提高客户的环境体验，这样会起到促进商品销售的良好效果。

（3）重视服务体验。

在商品同质化现象较为严重的今天，良好的服务体验已经成为影响客户选择商品的重要因素。

> **知识链接**
>
> 需要注意的是，要想提升服务体验，就需要将服务做到最好，如果某一环节出了问题，如配送不到位等，就会影响客户对品牌和服务的整体认知，使其拒绝再次购买。

（4）重视感性因素。

客户在购买商品时，既会有理性的考虑，也会有感性的选择。商家在满足客户理性需求的同时，还要注意客户的感情、文化类需求，获取客户的好感与支持，从而起到出色的营销效果。

（5）树立体验主题。

若想要做好体验营销，就要为体验树立一个明确的主题，加深客户对体验的相关印象。例如，主题公园、主题展览会等。

然而，主题并非随便确立的，它既要符合商家的经营特点和客户的心理需求，也要凸显一定的创新意识，以吸引更多的人关注。例如，芬达的推广主题"开心看法在芬达"，就抛开了口味的因素，强调释放压力、开心快乐，从而引起了很多青少年和时尚人士的兴趣，起到了很好的营销效果。

### 2. 直复式营销

直复式营销是一种为了在任何地方产生可度量的反应和（或）达成交易而使用一种或多种广告媒体的市场营销体系。

当然，上述说法比较专业，如果用通俗的语言来解释，直复式营销就是通过媒体手段，将商品相关信息定向传送给某个潜在客户，并对该客户提出立即订购要求的营销形式。

> **知识链接**
>
> 需要注意的是，直复式营销具有定向化、精准化的优势，很适合一些小众产品品牌。由于直复式营销具有投入较少、追求销售效果的特点，对于中小商家来说也是比较适用的。

### 3. 情感式营销

在技术飞速发展的移动互联网时代，营销活动越发强调"走心"，也就是直击人心，引发人们的情感共鸣。商家需要全面了解自己的客户，做出触动人心的营销内容，从而宣传品牌和产品，让客户心甘情愿地接受商家传递的信息。

（1）利用场景，借势营销。

移动互联网的发展为场景化营销提供了必要基础，商家可以通过构建与大众生活息息相关的场景，使营销贴近生活，从而赢取客户的好感与支持。例如，飞鹤乳业开展的"爱·没有距离"活动，就是借助春运的大背景，通过赠送免费 Wi-Fi，引导客户向亲友寄送"鹤"卡，以播放《爱·没有距离》微电影等形式，将品牌巧妙地宣传出去，使很多客户转化为品牌的支持者和传播者。

（2）情感互动。

商家若想做好情感营销，就要拉近与客户间的关系，通过有效互动，找出目标客户的真实需求。例如，潘婷对其目标客户——年轻女性进行深入挖掘，找出了她们的共性：渴望美丽生活，追求内心强大。并根据群体个性将她们分为不同类别："白领"、年轻妈妈和"90 后"。商家根据受众的不同，采取差异化的沟通与营销措施，从而引发目标客户的情感共鸣，可起到很好的营销宣传效果。

（3）人文关怀。

好的情感营销，除了要有出色的创意，还要彰显人文关怀，向社会传达正能量。人文关怀强调爱的传递，有利于引发强烈的情感，使客户产生互动兴趣，从而在不知不觉间产生良好的品牌宣传效果。

### 4. 数据式营销

很多人都听说过利用大数据进行营销的方法，但是对于其具体实施过程不一定了解。其实，数据式营销的核心就在于"抓潜"，而"抓潜"就是指抓取潜在客户的信息。

（1）选择数据平台。

要想开展大数据营销，首要条件便是选择一个合适的数据平台，如 QQ、微信群、微博等，然后利用这些平台与潜在客户进行有效的互动沟通，以便及时掌握他们的相关信息。需要注意的是，所选平台不但可以支持批量联系功能，而且可以根据自身情况使用不同的平台，这样可以实现最优的营销推广效果。图 3-4 所示为利用微信群营销。

（2）分析目标人群的痛点。

我们需要通过各种手段，分析产品适用人群的痛点，搞清他们的不同需求，以便做到精准营销。

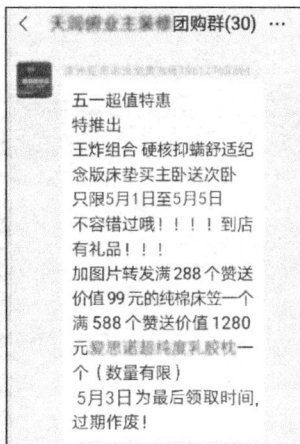

图 3-4 利用微信群营销

（3）设计吸潜流程。

当我们通过各种方法了解到潜在客户的痛点后，接下来就是设计有效的吸潜流程了。所谓吸潜，就是指吸引潜在客户关注。我们需要在了解客户痛点的基础上，设计一些免费的趣味活动（如抽签、有奖问答等），然后在客户参加活动的过程中，将他们的数据引入数据库，从而收集大量的客户信息。

📋 **知识链接**

　　需要注意的是，尽管活动是免费的，仍然要做好包装工作，使客户觉得此类活动对他们是有价值的。只有做到了这一点，才能起到较好的吸潜效果。

### ▶▶▶ 3.2.3　O2O 移动电商运营模式

O2O 模式具有连接线上与线下的特点，而 App 也具有相似功能。这就说明 App 具有使用 O2O 模式的优势，而 O2O 模式在移动端具备非常广阔的应用前景。

O2O 移动电商运营模式主要有以下几个方面。

#### 1. 优惠模式

优惠模式主要体现在对优惠活动的运用上。优惠活动是指客户进行购物行为时，所享受到的折扣、优惠促销、赠送赠品等服务形式。这是一种应用范围最广、成效最为显著的经营模式。图 3-5 所示为优惠促销。

图 3-5　优惠促销

### 2. 积分模式

积分模式是一种较为先进的商务运营模式，它在 O2O 模式中也很适用。其具体应用方法包括购物送积分、宣传送积分及推荐送积分。

购物送积分：只要客户进入商家的店铺，并产生购物行为，就能获得可以兑换商品的积分。这种策略不但可以促使犹豫不决的客户打消顾虑，产生购买行为，还会促使他们进行重复购买。

宣传送积分：一旦客户对商品或店铺进行宣传推广，就可以获取相应积分。例如，客户在微信朋友圈分享商品的照片，商家就赠送激励积分，以此来促使更多客户进行裂变式传播。

推荐送积分：对于一些购买过商品的老客户，商家可以通过积分换推荐的方式，促使他们成为商家的推销人员，进而为商家带来新的客户。

### 3. 返利模式

返利模式的重点在于现金返利，这是一种很容易激发客户兴趣的经营模式。其具体方式是引导客户开展商品推荐活动，每当客户带来一个新客户并成交时，就将商品利润按照一定比例分给他。这种模式会最大限度地激发客户推荐商品的积极性，起到很好的营销推广效果。

### 4. 信息分享模式

信息分享模式是为客户提供及时、全面的线上商品信息，并通过引导措施将他们从线上引导到线下体验店，最后再通过线上支付的方式产生购买行为的模式，是 O2O 模式的重要形式之一。这一形式的重点在于信息分享，所以为客户提供真实、有效、精准的线上服务信息，是商家开展经营活动的重要保障。

### 5. 推荐服务模式

商家先在服务平台上发布商品优惠信息，然后客户通过移动端 LBS（基于位置的服务）的推荐功能，得到离自己最近的店铺的信息，一旦二者间产生重合，且客户对优惠信息较感兴趣，就很容易到该商家的店铺进行消费。在这一过程中，O2O 移动电商平台是商家的宣传推广渠道。

## ▶▶▶ 3.2.4  常见的 O2O 移动电商平台

下面介绍大众点评、叮咚买菜、神州租车这 3 种常见的 O2O 移动电商平台。

### 1. 大众点评

大众点评是本地生活信息及交易平台。大众点评不仅为客户提供商家信息、消费点评及消费优惠等信息服务，也提供团购、餐厅预订、外卖及电子会员卡等

O2O 交易服务。在移动互联网时代，大众点评紧跟发展趋势，推出了大众点评 App。该 App 一经推出，就受到了很多客户的好评。图 3-6 所示为大众点评 App 首页。

图 3-6　大众点评 App 首页

如今智能手机普及率极高，客户的消费信息、个人偏好等数据都可以通过移动端进行收集，从而方便商家在大量真实数据的基础上进行有效分析，做到精准营销。大众点评 App 通过移动互联网，结合地理位置及客户的个性化消费需求，为客户随时随地提供美食、景点、休闲/玩乐及生活服务等，如图 3-7 所示。

图 3-7　大众点评结合地理位置提供商家信息

## 2. 叮咚买菜

叮咚买菜是一款自营生鲜及提供配送服务的生活服务类 App。其主要提供的产品有蔬菜、豆制品、水果、肉禽蛋、水产、米面粮油、休闲食品等。叮咚买菜致力于通过产地直采、前置仓配货和最快 29 分钟配送到家的服务模式，以技术驱动产业链升级，为客户提供品质好、用时短、品类全的生鲜消费体验。

叮咚买菜聚焦社区 O2O 服务，不断探索适应社区的方法。在引导激活方面，叮咚买菜推出了绿卡特惠、限时抢购、首单免邮等促销方式，刺激客户快速下单。叮咚买菜 App 页面如图 3-8 所示。叮咚买菜采取新人专享福利、邀请有礼的方式获取客户，然后通过微信社群运营，随时获取客户反馈，保证忠实客户的服务体验。邀请有礼、新人专享福利页面如图 3-9 所示。

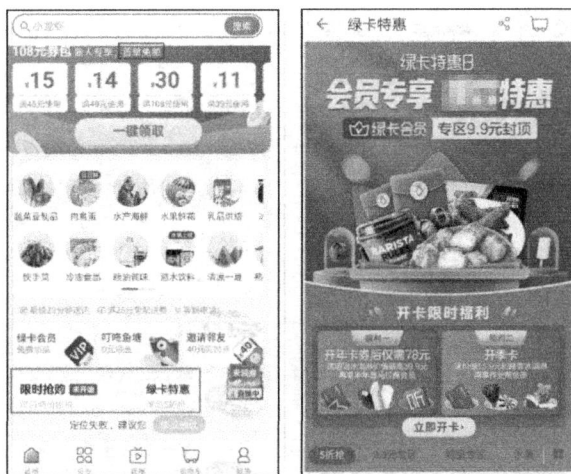

图 3-8　叮咚买菜 App 页面

图 3-9　邀请有礼、新人专享福利页面

### 3. 神州租车

神州租车为客户提供短租、长租及融资租赁等专业化的汽车租赁服务，以及全国救援、异地还车等完善的配套服务。通过自有投资和合作的模式，神州租车初步建成了一个业务覆盖汽车全产业链的新一代客户无车生活的共享平台，为广大客户提供更新、更全面的汽车生活服务，满足大家不断升级的汽车消费需求。

神州租车 App 可自动显示客户所在城市及定位，并按照距离优先原则展示附近门店及可租车型信息，神州租车 App 页面如图 3-10 所示。神州租车有日租、套餐两种产品供客户选择。客户可帮他人下单、代付、担保。在用车过程中，客户可自助修改、取消订单。租车后如遇意外情况，在 App 上简单操作即可实现车辆出险、线上报案及换车等功能。

图 3-10  神州租车 App 页面

## 3.3  跨境移动电商平台

跨境电商搭建起一个自由、开放、通用与普惠的全球贸易平台，即跨境移动电商平台。在这个平台上，消费者可以方便地购买全球的商品，中小企业可以把商品卖到全球，真正实现全球连接、全球联动。

**课堂讨论**

常见的跨境移动电商平台有哪些？你在跨境移动电商平台上购买过商品吗，在跨境移动电商平台上卖过商品吗？

### ▶▶▶ 3.3.1　跨境移动电商概述

从狭义上看，跨境移动电商是指分属不同关境的交易主体，通过电子商务将传统进出口贸易中的展示、洽谈和成交环节电子化，并通过跨境物流送达商品，完成交易的一种国际商业活动。

广义的跨境移动电商统计对象以跨境移动电商中商品交易部分为主（不含服务部分），它既包含跨境移动电商交易中的跨境零售（狭义部分），又包含跨境移动电商中的 B2B 部分，还包括通过互联网渠道进行线上交易洽谈，促成线下实现成交的部分。它与传统外贸的交易流程存在较大区别。

随着移动电商的发展，移动电商平台已经超越了传统意义上的市场范围，不再受到时间、空间等因素的影响和限制，所以正在形成全球性的跨境移动电商平台。对企业经营管理者来说，全球化移动交易平台使企业的国际贸易进一步得到扩展；对个体客户来说，全球化移动交易平台可以极大地促进客户对国际消费的需求，大大促进了跨境移动电商平台的发展。

我国跨境移动电商行业有以下 4 种特征。

（1）跨境移动电商交易规模持续扩大，在我国进出口贸易中所占的比例越来越大。

（2）跨境移动电商以出口业务为主，出口跨境移动电商有望延续快速发展的态势。

（3）跨境移动电商以 B2B 业务为主，B2C 跨境移动电商模式逐渐兴起且有扩大的趋势。

（4）国家政策对跨境移动电商的扶持力度大幅提高。

> **知识链接**
>
> 当前世界贸易增速趋于变缓，为开拓市场、提高效益，越来越多的商家开始着力于减少流通环节、降低流通成本、拉近与境外客户的距离，而跨境移动电商为此提供了有利的渠道。

### ▶▶▶ 3.3.2　跨境移动电商不同维度的分类

随着跨境移动电商市场的高速发展，跨境移动电商平台的数量呈增加趋势，涉及跨境移动电商的新模式也层出不穷。跨境移动电商根据不同的维度，可以分成不同的类别。

### 1. 按商品流向

按商品流向，跨境移动电商可以分为跨境进口移动电商和跨境出口移动电商。

（1）跨境进口移动电商：境外卖家将商品直销给境内的客户。一般是境内客户访问境外卖家的购物网站并选择商品，然后下单，最后由境外卖家发国际快递给境内客户。

（2）跨境出口移动电商：境内卖家将商品直销给境外的客户，一般是境外客户访问境内卖家的网店，然后下单购买并完成支付，最后由境内的卖家通过国际物流将商品送至境外客户手中。

### 2. 按交易对象

按交易对象的不同，跨境移动电商可以分为 B2B 型跨境移动电商、B2C 型跨境移动电商。

（1）B2B 型跨境移动电商：企业依靠电商平台发布广告和信息，成交和通关流程基本在线下完成，本质上仍属传统贸易。

（2）B2C 型跨境移动电商：企业直接面对境外客户，以销售个人消费品为主，物流方面主要采用航空小包、邮寄、普通快递等方式，其报关主体是邮政或快递公司。

### 3. 按销售经营模式

按销售经营模式，跨境移动电商可以分为纯平台型跨境移动电商、自营+平台型跨境移动电商、自营型跨境移动电商。

（1）纯平台型跨境移动电商：企业仅提供平台，不涉足采购和配送等。

（2）自营+平台型跨境移动电商：企业一方面自营部分产品赚差价，另一方面作为平台提供方收取佣金。

（3）自营型跨境移动电商：企业自营产品赚差价，往往涉足采购和配送等领域。

### 4. 按业务专业性

按业务专业性，跨境移动电商可以分为综合型跨境移动电商和垂直型跨境移动电商。

（1）综合型跨境移动电商的业务多元化，其客户流量及商家商品数量巨大。

（2）垂直型跨境移动电商的业务比较专业化，专注核心品类的精细化发展。

## ▶▶▶ 3.3.3 全球速卖通

全球速卖通于 2010 年 4 月正式上线，是阿里巴巴旗下面向全球市场的在线交易平台，被广大卖家称为"国际版淘宝"。全球速卖通面向境外客户，通过支付宝国际账户进行担保交易，并使用国际快递发货。

全球速卖通卖家 App 是为全球速卖通的卖家量身打造的一款实用的手机应用，通过该 App，卖家能够方便、快捷、有效地管理自己的店铺。图 3-11 所示为全球速卖通网页。

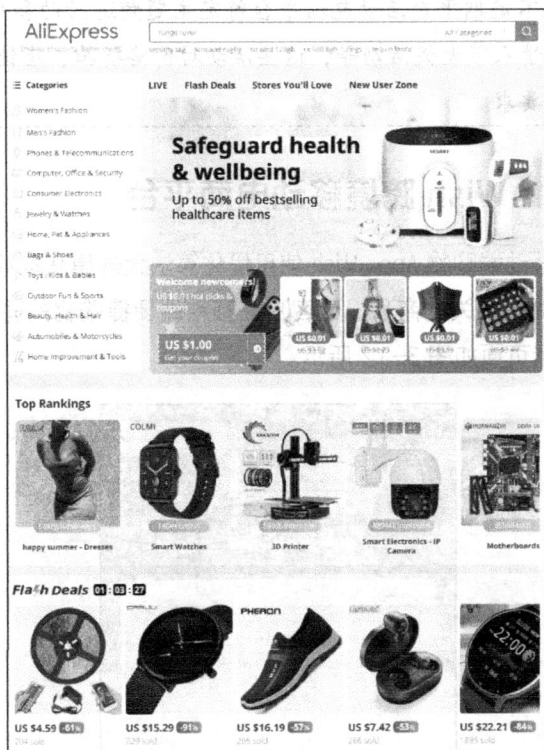

图 3-11　全球速卖通网页

全球速卖通一方面致力于服务全球中小创业者，让天下没有难做的跨境生意；另一方面致力于快速连接全球超过 200 个国家和地区的客户，为全球客户带来一种崭新的生活方式。

### 课堂实践

**参加全球速卖通热门活动**

全球速卖通的热门活动有以下几种。

1. Super Deal

Super Deal 是打造"爆款"的利器，包括 Daily Deals、Weekend Deals、Featured Deals，每周五开始招商，每周四审品，商品一周展示 7 天，每天更换。

2. 团购和 Today Deals

这种活动利润低，追求销量，以增加曝光和提升信誉为主。在俄罗斯，开展团购活动时，严禁提价销售，团购商品要求一口价。如果商品折扣大、库存多，则会优先考虑。

3. 不定期平台活动

全球速卖通不定期平台活动包括平台特定主题频道活动和平台大促，如新年换新季活动、情人节大促活动等，这些活动对价格折扣、店铺等级、90 天好评率都有一定的要求。

### ▶▶▶ 3.3.4　Wish 跨境移动电商平台

Wish 是一款移动端购物 App。Wish 使用优化算法大规模获取数据，并快速了解如何为每个客户提供相关的商品，让客户在移动端便捷购物的同时享受购物的乐趣。Wish App 登录页面如图 3-12 所示。

图 3-12　Wish App 登录页面

Wish 的客户端和其他跨境移动电商平台相比，具有以下特点。

- 个性化定制：客户可在 Wish 的客户端首页设置偏好，平台根据个人设置提供个性化展示。

- 客户需求的碎片化：大部分客户不是因为有特定的需求才到 Wish 寻找商品的，而是被兴趣引导至此的。

- 时间的不确定性：客户随时随地都可能打开手机浏览感兴趣的商品信息。
- 移动端界面：移动端适合放简洁、清晰的商品图片，文字排版应适应手机屏幕，不适合放太复杂的商品介绍。

Wish 的商品推送原理是根据客户的注册信息和网络浏览行为进行分析，有针对性地主动推送客户可能感兴趣的商品。因 Wish 独特的商品推送原理，卖家在销售运营时也和其他平台有所区别。

### 1．商品推送原理

Wish 淡化了店铺的概念，更加注重商品之间的区别和客户体验。在商品相同的情况下，以往服务记录良好的卖家会得到更多的商品推送机会。

Wish 中推送权重最大的要素是标签。根据客户注册信息，以及客户后期的浏览、购买数据，系统会自动为客户贴上标签，并且不间断地记录和更新客户标签，根据多维度的标签推算客户可能感兴趣的商品。这些信息记录、更新、计算的过程都是由系统自动完成的。

### 2．类目和商品策略

Wish 中排列在前 5 位的类目分别是 Fashion、Gadgets、Hobbies、Beauty、Home。比较受客户青睐的类目的特点是产品种类丰富、更换频率高、容易产生话题。

卖家在选择具体的商品时需要注意选择差异化的商品，因为 Wish 的后台数据算法会评估同一页面和同一个卖家的商品，重复或相似度高的商品就会被判定为同款，系统只推荐其中一个专家的商品，其他同质商品就不会被推荐了。在 Wish 平台上发布同质化的商品不会带来任何流量和曝光。

### 3．平台的流量特点

Wish 98%的客户来自移动端，以欧美地区的客户为主，大部分流量是从一些社交网站引流到 Wish 的，所以客户的互动性高，浏览习惯以兴趣为导向。

## ▶▶▶ 3.3.5 Amazon 跨境电商平台的移动端

Amazon 中文名称为亚马逊，是美国的一家电子商务公司。Amazon 成立于 1995 年，起初是自营在线书籍销售业务，现在已发展成为全类目、平台化的电商网站。目前，Amazon 所销售的商品一部分为自营商品，一部分由第三方卖家提供。Amazon 移动端页面如图 3-13 所示。

相比其他跨境电商平台，Amazon 有三大特点。

（1）强调商品，弱化店铺。平台的运营定位是纳入第三方卖家，使平台的商品更丰富，同时必须确保平台统一的品牌形象。所以平台没有给卖家过多自定义的选项，卖家上传的商品也必须符合平台统一的形象要求。

（2）高门槛，严要求。平台会严格审查申请入驻的卖家企业资质，经过平台筛选的卖家才可以入驻；平台对卖家的运营和销售过程也有严格要求，所有卖家必须遵守对客户的服务承诺，一旦卖家没有遵守承诺就会被严厉惩罚，甚至永久封号。

（3）去个性化，看重价格、配送、售后服务。Amazon 不希望卖家上传的商品有太鲜明的特点，会引导卖家把精力放在提升售后服务的能力上。

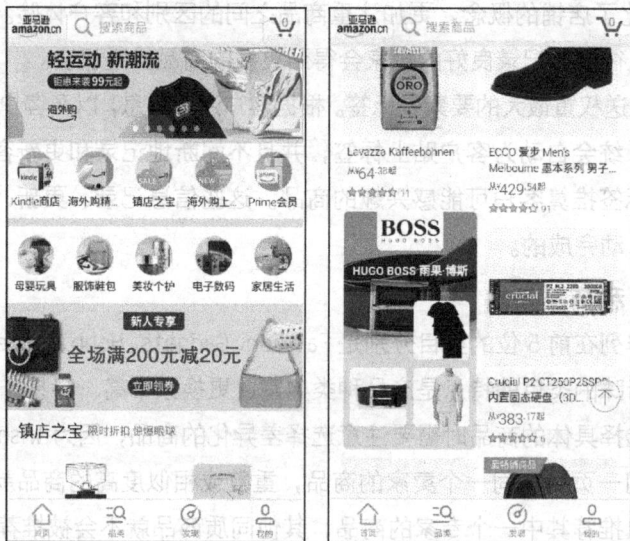

图 3-13　Amazon 移动端页面

# 3.4　移动社交电商平台

近年来，流量成本越来越高，一些商家在传统电商平台的流量费用甚至占到总费用的 15%~25%，如此高额的流量费用让很多商家陷入窘境。相比于传统的电商平台，移动社交电商平台大大节省了时间、人力与推广方面的成本。

**课堂讨论**

什么是移动社交电商平台？其有哪些常见的模式？

### ▶▶▶ 3.4.1　移动社交电商概述

移动社交电商是社交电商的移动化发展，是移动、社交网络与电子商务三者的融合，是指将关注、分享、沟通、讨论、互动等社交元素应用于移动电商交易过程的活动。具体而言，从客户角度来看，移动社交电商既体现在客户购买前的店铺选择、商品比较等方面，又体现在客户在购物过程中通过IM（即时通信）、论坛等与电子商务企业进行的交流与互动等方面，也体现在购买商品后客户在移动端进行的消费评价及购物分享等方面。从企业的角度来看，移动社交电商就是通过移动端社交工具的应用及与社交媒体、网络的合作，完成企业推广和商品销售的过程。

移动社交电商不仅是移动化的电子商务，还包含人与社交。人与人通过移动互联网可进行更方便快捷的社交，社交通过移动互联网将人们的关系链无限放大。商家通过移动互联网带来的新优势，可以更好地联系、培育、服务客户，通过数字化运营让商业效率得到极大的提升，让人们享受到更多的差异化体验。

社交电商与传统电商的经营逻辑的区别在于：传统电商的经营逻辑是不断地获取流量，并让客户养成行为习惯，封闭性地匹配需求和商品，流量是关键；而社交电商的经营逻辑是帮助商家不断地私有化客户资产，形成私域流量，使单个客户享受更多服务、获取更大价值，并用丰富的营销手段让老客户带来更多的新客户。

> **知识链接**
>
> 对于社交电商的流量运营，商家应该通过电商平台经营私域流量，加强单客互动、留存、复购。商家还可以把电商平台、小程序、粉丝运营、社交网络营销结合起来，通过服务和内容推送与客户保持互动，用拼团、分销等方式，让老客户带来更多的新客户，引导客户在自己的店铺里成交，最终形成私域流量。

### ▶▶▶ 3.4.2　移动社交电商运营模式

想做好移动社交电商必须了解移动社交电商的运营模式。下面介绍常见的移动社交电商运营模式：社交内容电商、社交零售电商与社交分享电商。

#### 1. 社交内容电商

社交内容电商主要是以个人为中心，然后通过流量较大的社交工具，并基于产品创作出具有一定价值的内容，从而吸引客户购买产品，实现销售转化的目的。

这种模式的特征是可以通过"关键意见领袖""达人"基于社交工具（微信、微博、直播平台、短视频平台等）生产的内容吸引客户消费，解决客户购物前选择成本高、决策困难等相关痛点。

社交内容电商典型的模式为导购模式，这种模式通常分为平台和个体两种形态。社交内容电商所面向的客户群体通常具有共同标签，商家可以有针对性地开展营销，针对共同的痛点和生活场景输出内容，从而激发大家互动传播。此外，其客户因为共同的兴趣爱好或需求集结在一起，这些客户通常价值观相近，忠诚度会更高，转化和复购的能力也较强。

小红书是比较典型的社交内容电商，小红书通过打造优质内容赢得了客户口碑，并进一步充分利用客户口碑和平台流量，吸引"关键意见领袖"入驻。小红书平台以图文分享为主，篇幅一般较长，如热门的评测会分析产品成分、科技含量、体验感、使用场景等，这些优质原创内容可以让客户更直观地了解产品，比一般的广告更有效果。小红书社交内容电商模式如图 3-14 所示。

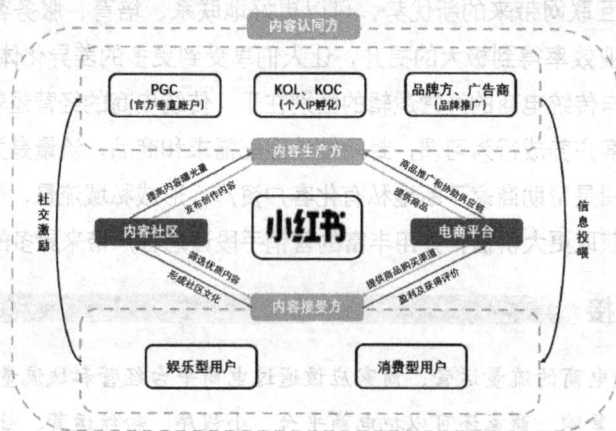

图 3-14　小红书社交内容电商模式

### 2. 社交零售电商

社交零售电商是以个体自然人为单位，通过社交工具或场景，利用个人社交圈的人际关系进行商品交易及提供服务的新型零售模式。社交零售电商的基本盈利点是商品的渠道分销利润，这与传统的线下实体零售在本质上是一样的，只不过线下实体零售是以实体店面作为渠道载体，而社交零售电商是以个体自然人作为渠道载体，且利用互联网技术升级了渠道运营系统，提升了渠道运营效率。

社交零售电商的发展模式大致可以分为以下两种类型。

（1）纯电商线上零售模式。

纯电商线上零售模式不需要实体店铺，也不一定需要仓库，所需要的就是经营的人、供货渠道和物流体系。

（2）线上线下综合零售模式。

线上线下综合零售模式是现阶段社交零售电商行业发展较好的一种经营模式。这种模式将线上网店、线下门店相结合，能够实现线上订购、线下取货及虚拟购物、实体门店体验的多方位综合服务。

云集是一家典型的移动社交电商平台，为会员提供美妆、手机数码、母婴玩具、水果生鲜等品类的精选商品。大量店主通过社交关系扩散商品信息，增加商品曝光量，终端客户看到商品信息在云集下单，云集官方完成配送、售后，订单完成后，店主从云集获得提成收益。云集社交零售电商模式如图 3-15 所示。

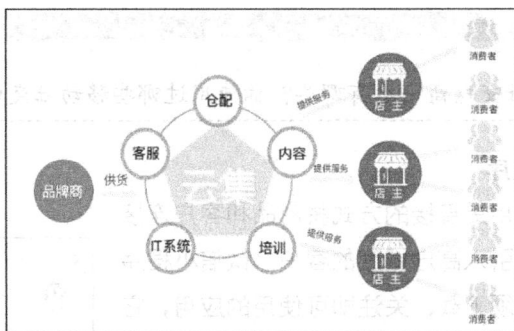

图 3-15　云集社交零售电商模式

### 3. 社交分享电商

社交分享电商抓住了客户从众、喜欢炫耀等特点，通过激励政策鼓励个人利用微信等社交媒介向朋友进行商品推广，从而达到传播商品信息的目的，吸引更多的客户。社交分享电商典型的模式就是拼团模式，主要特点是鼓励客户拼团砍价，借助社交力量让客户下沉，并通过低门槛促销活动来迎合客户，以此达成销售裂变的目的。

拼多多是社交分享电商的主要代表之一。拼多多采用的模式是通过拼团，以及团长免单等方式引起客户裂变，主要以需求广、单价低、高性价比的商品为主，借助社交力量对相关信息进行传播。拼多多社交分享电商模式如图 3-16 所示。

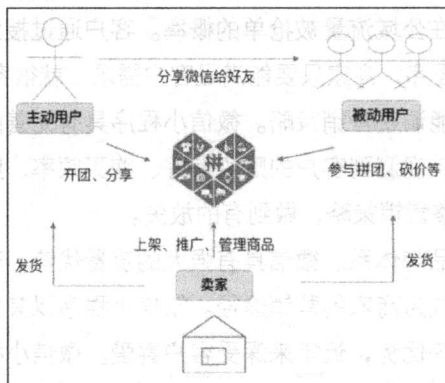

图 3-16　拼多多社交分享电商模式

### ▶▶▶ 3.4.3 常见的移动社交电商平台

下面介绍常见的移动社交电商平台，包括微信小程序、朋友圈、拼多多等。

常见的移动社交
电商平台

常见的移动社交电商平台有哪些？你使用过哪些移动社交电商平台？

#### 1. 微信小程序

微信小程序能用更直接的方式将商品和客户连接起来，能用低成本引入高忠诚度的客户。微信小程序是在微信生态内无须下载、关注即可使用的应用，它实现了应用"触手可及"的梦想，客户可以通过微信的扫一扫或搜索功能进入微信小程序。这也体现了"用完即走"的理念，节省流量，节约安装时间，解决了客户不想安装太多 App 的烦恼。微信小程序如图 3-17 所示。

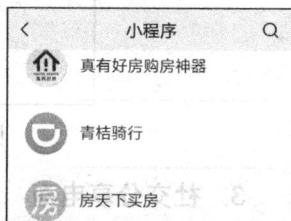

图 3-17　微信小程序

微信小程序具有以下特点。

（1）接近核心客户，流量成本低。微信小程序因为身处"人来人往"的微信平台，通过公众号的联动效应，很容易获得客户关注。相较于淘宝、京东等移动电商平台，其流量成本低。

（2）快速成单。微信小程序因为体量限制，只能满足核心客户的核心需求，属于简单、直接的呈现方式。相较于淘宝、京东等移动电商平台，微信小程序属于私域流量，降低了在公域流量被抢单的概率。客户通过搜索或者公众号推荐等方式直接进入微信小程序，商家只要能满足客户需求，就很容易快速成单。

（3）利用统计功能调整营销策略。微信小程序具有完善的数据统计功能，商家可以通过数据分析，观测到客户的购买偏好、购买频率、购买时段等，之后依据数据分析结果来调整营销策略，做到有的放矢。

（4）构建完整的品牌体系。微信具有强大的流量优势，建立公众号、开设微商城、建立微信社群成为商家的营销途径。微信小程序以其便于搜索、体量小、界面简单、操作方便等优势，近年来深受客户喜爱。微信小程序与公众号、社群直接关联，有助于搭建微信生态中较为完整的品牌体系。

## 2. 朋友圈

基于朋友圈的营销方式有朋友圈广告等。朋友圈广告是指商家在微信朋友圈投放的以原创内容的形式呈现的原生广告。朋友圈广告属于移动社交电商，因此带有社交属性，而非干巴巴的产品介绍。

微信是亲朋好友间交流的工具，当客户以一种感性的心态浏览朋友圈，看到一个能解决自身痛点的广告时，很容易基于情感上的认同、对微信平台的信任，而对广告产生初步的信任。朋友圈广告互动性高，客户可以点赞、评论，当看到其他好友点赞或评论时，客户会对此广告产生更深的信赖。微信客户中，中青年群体居多，这部分客户的购买能力强，且很容易受到外界因素的影响而迅速消费。企业通过精准投放朋友圈广告，很容易获得客户的关注甚至达成交易。

### 知识链接

微信日活跃粉丝数量超过 10 亿人，在朋友圈中，依据性别、地域、年龄、兴趣等标签确定目标客户，精准投放广告，触达的客户可达几百万人。相较于以往的广告投放平台，朋友圈面向的客户多、覆盖面广，从而购买产品的客户数量也会增长。

移动社交电商在朋友圈发布的广告，要具有社交属性，要抓住客户痛点，想方设法地让客户产生共鸣并参与讨论。朋友圈广告具有场景化设计、故事性表述时，可以让客户关注并被吸引。图 3-18 所示为朋友圈广告。

图 3-18　朋友圈广告

## 3. 拼多多

拼多多是凭借平台电商+社交的优势，利用微信流量池的庞大流量迅速崛起的典型案例。给电商注入社交属性，无异于给电商平台一根可撬动利润的杠杆，这就是典型的社交电商。图3-19所示为拼多多平台。

拼多多的成功虽然确实建立在微信流量的基础上，价格便宜的商品也容易让人对其质量产生疑虑，但是这些并没有妨碍拼多多的发展壮大。产品与社交的力量让拼多多快速发展，社交是拼多多的最大优势，同时拼多多的"拼团"购物模式也在微信社交圈中产生了强大的裂变引流效应。

拼多多将网站成交金额做到千亿元所用的时间远远比淘宝和京东要短。这反映了移动电商飞快的发展速度，而拼多多正好搭上了这趟"快车"。

图3-19　拼多多平台

## 任务实训

**实训目标：**

熟悉O2O移动电商平台，掌握O2O移动电商的运营模式和营销策略，通过具体的任务实训来加深对本章知识的理解。

**实训练习：**

O2O电商与移动端的联系日益紧密，衍生出很多具体的O2O营销方法，使用不同的O2O营销策略进行营销。

**实训内容：**

（1）搭建一个完整、合理的体验式营销体系，重视客户的体验、重视环境的体验、重视消费的体验与重视感性因素。

（2）了解自己的客户，采用情感式营销让客户心甘情愿地接受商家的传播类信息。通过有效互动，找出客户的真实需求。

（3）采用数据式营销，选择合适的工具，如 QQ、微信群、微博等，与客户有效沟通，分析客户的痛点。

## 思考与练习

1．适合O2O移动电商的行业有哪些？

2．O2O移动电商的营销策略有哪些？

3．O2O移动电商的运营模式主要有哪些？

4．跨境移动电商不同维度的分类有哪些？

5．常见的跨境移动电商平台有哪些？

# 第4章

# 移动营销

## 学习目标

- 熟悉移动营销的概念
- 掌握微信营销的方法
- 掌握二维码营销的方法
- 掌握短视频和直播营销的方法
- 掌握社群营销的方法
- 掌握 H5 营销的方法
- 掌握移动广告营销的方法

## 引导案例

### 莱秀服饰通过微信开展移动营销

莱秀服饰自开通微信公众平台后，就对自身的账号展开大规模的宣传。它将自己的二维码通过官方网站、微博、海报、宣传单、服饰画册等多种渠道进行宣传，成功地迈出了微信营销的第一步。接着，它还开展了免费送好礼的活动，客户只要关注莱秀服饰的官方微信，就有机会获得精美礼品。

莱秀服饰在微商城上开展了为期两个月的以"莱秀邀您免费试穿大牌"为主题的大转盘活动。这个活动具有极高的中奖概率，极大地提高了客户的参与度和活跃度，其粉丝数量在两个月的时间里就增加了 3 万多人。通过后台强大的数据统计功能，莱秀服饰还获取了很多潜在客户，并且根据不同维度对客户进行有效的分组，促进了信息的精准、有效推送。传统服装销售渠道模式比较单一，而微信营销通过与客户的互动调查，在款式、版型、颜色、品质、面料等反馈信息的收集上速度更快。

在营销上，服装行业必须要找到适合自己的营销融合点，才能避免被淘汰。而随着微信营销时代的到来，很多服装企业也开始青睐这种营销方式。服装行业具有市场变化快、季节性分明、设计周期长、品牌种类繁杂等特点，无论是大品牌还是中小企业，若想在变化多端的服装行业中立足，就要与时俱进、适时而变，找准营销模式。微信的市场潜力巨大，服装企业要灵活运用微信的各项功能，最大限度地实现品牌传播、壮大客户群等目的。

**课堂讨论**

1. 常见的移动营销方式有哪些？
2. 为什么越来越多的商家采用微信营销？

如今，越来越多的商家开始运用移动营销，这也是营销的一个大趋势。移动营销已经深入每个人的生活中，它既能为客户提供方便，也能为企业提供便利。移动营销具有及时性、便捷性高等特点，金融、教育、医疗、房地产、餐饮、装饰装修等很多行业都可以用移动平台来做营销。这些行业都可以利用移动营销找到属于自己的营销之路。

# 4.1　移动营销概述

移动网络的出现不仅给人们的衣、食、住、行带来便利，也为传统商业带来了新的营销方式——移动营销，那到底什么是移动营销，移动营销的关键要素有哪些呢？

## 4.1.1　移动营销的概念和特征

移动营销是指面向移动终端客户，在移动终端上直接向目标客户精准地投放个性化的即时信息，从而达到市场营销效果的模式。移动营销具有速度快、传播广、成本低、目标精准、多媒体整合的特征。

### 1. 速度快

第一，移动平台更易引起人们的广泛关注，更能满足人们对各类信息的获知需求（如思想需求、心理需求、审美需求、利益需求等），加上传播速度快，因此更受人们欢迎。

第二，移动平台的信息发布比较便捷、限制较少。人们可以随时随地地通过移动平台关注、分享身边的新鲜事，自由表达自己的想法。而且在这种情况下，他们参与活动的概率也更大。

### 2. 传播广

随着互联网技术的不断发展，移动平台也越来越多，主要有微博、微信、直播平台、短视频平台等。移动营销不受时间和空间的限制，可以不间断地向全国各地传播信息。

### 3. 成本低

移动营销采用多元化方式宣传企业品牌，使得营销成本大大降低。相比于企业投入大量资金在电视上打广告、建立网站及每日发布信息，企业在很多移动平台上投放广告是免费的，并且可以随时随地分享资源，降低了传播成本。

### 4. 目标精准

移动营销的广告投放更精准。目标客户看到的广告是适合自己的广告，而不用遭受无关信息的骚扰；非目标客户不用接受相关广告信息，也降低了企业的宣传费用。此外，精准投放广告，不仅可以节约成本，而且有利于锁定目标客户，极大地提高了广告主的投资回报率。

### 5. 多媒体整合

当前时代，客户拥有多种媒体设备，多媒体整合能够实现客户浏览信息无偏差，充分满足客户的感官需求，这不仅可以大幅度提升客户体验，还能实现数据的精准获取，使营销更为精确。

## ▶▶▶ 4.1.2 移动营销的关键要素

移动营销的关键要素是指实体、故事、速度、互动和简单几大要素，下面具体介绍。

### 1. 实体

随着营销和数据分析技术的不断进步，营销不再局限于抽象化的信息传递，而是转为提供更加具体的实物触点，尤其是客户体验，以及新产品、新功能开发上的客户参与等。越来越多的商家开始将关注点放在实体店里，思考如何促销、如何吸引客流及如何刺激消费等。

### 2. 故事

数字技术改变了各品牌的营销渠道，但是品牌故事的重要性并不因此而有丝毫削弱，品牌讲故事的方式同样与时俱进。这里的故事是广义的故事，它可以是一个事件，也可以是一场活动，两者的核心还是讲故事的能力。

### 3. 速度

更加及时的信息反馈和更加顺畅的部门合作，是加速市场扩张的关键，移动营销将"快"置于自己的灵魂：第一是快速启动，第二是快速回应客户，第三是快速利用闲置资源。

### 4. 互动

互动不是商家和客户之间的互动，而是指一切以改善彼此沟通效率和效果的方式和方法。移动营销可以降低客户参与活动的门槛，通过网络快速复制和传播，在短时间内使特定的信息快速扩散。

### 5. 简单

复杂是提速的障碍，不断扩张的市场、激增的产品数量，以及层出不穷的数字渠道往往使企业变得异常臃肿，随之出现沟通障碍和人员冗余。因此，简单是移动营销的关键要素之一。

## 4.2 微信营销

微信营销

微信具有高黏度的社群和巨大的社会影响力。对于商家来说，微信不仅是与客户进行联系的工具，还是营销的平台。

**课堂讨论**

1. 说一说微信营销的优势有哪些。
2. 你身边的朋友有没有采用微信营销，他们是如何做的？

### ▶▶▶ 4.2.1 微信营销的优势

对于商家而言，微信营销具有很多优势，这些优势可以保证商家更顺利地开展营销活动，并取得很好的营销推广效果。具体来说，其优势包括 3 个方面：微信平台优势、边际价值优势和低成本优势。

### 1. 微信平台优势

相比于传统的社交平台，微信具有海量客户，信息传播范围十分广泛，这就为商家开展营销活动提供了很好的基础。另外，微信不局限于文本传输方式，信息可以通过图片、语音、视频等多种方式进行传播。通过微信，商家能够随时随地与客户展开交流，并分享各类信息，从而引发客户的持续关注。

### 2. 边际价值优势

边际价值是指金钱以外的关系价值。商家经营的基础就是与客户保持良好的关系，而关系往往是在销售结束后开始的，这就与传统销售的"一锤子买卖"大相径庭。例如，当客户购买产品时，我们可以加其为微信好友，并在平时展开交流互动（朋友圈点赞、节假日祝福等），维持彼此间的友好关系，进而引发其重复购买行为。

### 3. 低成本优势

微信营销所需成本很低，既不需要固定的经营场所，也不需要大量的资金投入，往往只需要一部智能手机和一些时间就足够了。这为一些弱势创业群体，如大学生、自由职业人员等提供了很好的创业机会。他们可以充分利用身边有限的资源，实现自己创业的梦想。

## ▶▶▶ 4.2.2　朋友圈营销

目前，朋友圈营销以海外代购、地方特产、护肤品、服装等的买卖交易营销为主。有些人在朋友圈营销，获取了极大的收益，也交到了更多的朋友。在朋友圈营销需要具备哪些技巧呢？

### 1. 取个人昵称的技巧

个人昵称取得好，不仅可以吸引粉丝，还能带来更多的关注机会。个人昵称的设置讲究 4 个原则。

（1）新奇：个人昵称足够新奇，能吸引广大粉丝的关注。

（2）大众关注：昵称要涉及大众关注的话题。

（3）夸张：昵称的设置要相对夸张一些，可以选择当前的网络常用语。这样不仅能吸引粉丝，还能拉近与粉丝之间的距离。

（4）配合：个人昵称与头像要互相匹配，这样才不会显得突兀生硬。

### 2. 建立关系的技巧

（1）可以主动点赞和评论别人的朋友圈动态。有时间可以打招呼，发一些有意思、容易让人记住的话。

（2）每天筛选 20 个朋友，用心阅读其朋友圈并回复相应的话题。

（3）要让别人关注自己，在朋友圈发动态的时候可以多发一些互动性的内容，多问大家问题，或发一些跟大家有关的话题。

（4）在讨论中挖掘大家的需求，并主动为大家提供解决问题的建议。

### 3. 内容编辑的技巧

（1）分享与企业的核心产品有关的话题。朋友圈营销的重中之重就是"品牌产品的塑造"，品牌产品的专业展示是营销的基础。需要注意的细节是，尽量把内容做成连续性的，以吸引粉丝持续关注。

（2）在朋友圈分享客户现场体验的评价，如上传客户试用的照片和体会，这能让好友感觉更亲切。在朋友圈分享客户的试用评价，如图 4-1 所示。

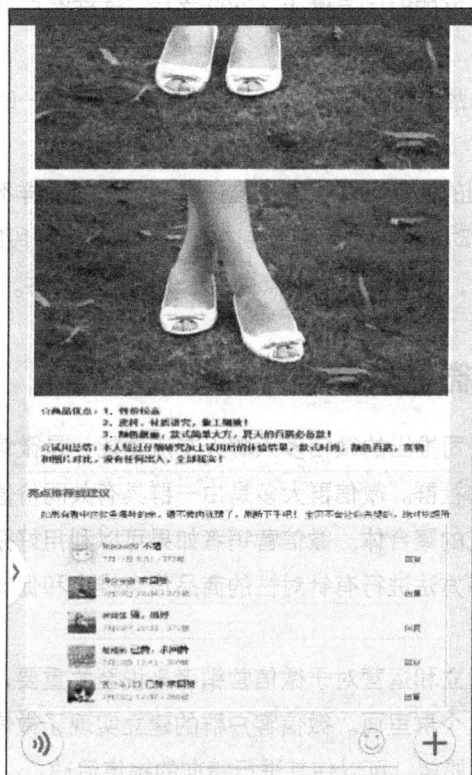

图 4-1 在朋友圈分享客户的试用评价

（3）偶尔分享与自己生活有关的话题，比如吃、喝、玩、乐等。

（4）要懂得加入一点惊喜，可以适当地要求转发。

（5）分享内容要做到图文并茂，图片必须符合文字的内容。

（6）分享链接时要加上自己的引导式总结内容。

（7）注意字数。如果字数太多，朋友圈动态就只会显示一部分内容，剩下的动态内容会被隐藏起来。要想让客户能完整地读完自己的动态内容，理解动态内容的含义，最好能让动态内容全部显示出来。要做到让客户觉得你发布的内容不错或者引起共鸣，那么字数也不能太少，建议是 80～110 个字。

（8）有可能客户每天的朋友圈动态比较多，那么怎样才能吸引客户的眼球，让其看到并注意到你的动态呢？表情就能解决这个问题，因为表情可以让文字更生动、鲜活。

### 4. 分享推送的技巧

引导客户分享产品并给予优惠，是很好的营销方法，具体技巧如下。

（1）分享话题最好的时间是晚上 8:00—12:00，要抓住客户的碎片化时间。

（2）分享链接最好的时间是晚上 12:00 之后，这样客户早上看到的都是你分享的内容。

（3）客户案例与故事一定要即时分享，这样才能在第一时间借力客户形成营销裂变。

（4）尽管朋友圈的信息不会被直接推送给客户，但同样不建议用刷屏的形式进行推广，每天发布动态的条数可以控制在 5 条左右，隔一段时间发布 1 条动态，提高客户看到的概率，然后吸引他们点进来看你的全部动态。

## ▶▶▶ 4.2.3　微信群营销

微信群是腾讯公司推出的微信多人聊天交流功能，是微信客户在大量碎片化的时间里聚集形成的社群。微信群大多是由一群具有共同价值观、共同需求或共同目标的人组合而成的聚合体。微信营销者如果可以利用好微信群，并通过共享图片、网址、视频等方法进行有针对性的商品信息推广和促销活动，就可以提高自己的业绩。

微信客户群的建立和运营对于微信营销者来说至关重要，微信营销者引流过来的客户都聚集在这个群里面。微信客户群的建立实现了微信营销者进行"一对多"的针对性营销的愿望，可以使其进行精准的销售活动。

微信营销者在群里可以发布新商品的上市、促销活动信息等内容，也可以与客户进行感情上的联络、沟通交流，拉近双方之间的关系。

此外，微信营销者还可以通过群里客户反馈的意见，对自身的服务方针、产品销售方略做出灵活的调整，从而促进产品的销售，提升自身的业绩。

微信营销者可以根据自身的需求，建立不同的微信客户群，如根据对普通客户和忠诚客户的划分可以分别建立一个微信群。但是，微信群一般应包含新老客户，老客户可以起到为新客户解惑、调动群内的气氛等作用，同时还能激起新客户的购买欲望和需求。在微信群做电商如图 4-2 所示。

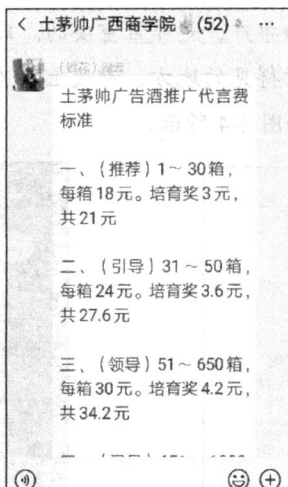

图 4-2　在微信群做电商

### ▶▶▶ 4.2.4　微信公众号营销

微信公众号指的是企业或个人在微信公众平台上所申请的应用账号。微信营销者利用微信公众号可以在微信公众平台上与特定的人群通过文字、图片、语音和视频等进行互动和沟通。

**💡 课堂讨论**

1. 你关注过微信公众号吗？营销者是如何通过微信公众号营销的？

2. 微信公众号营销有哪些技巧呢？

**🔍 课堂实践**

**微信公众号的营销实战**

为了帮助更多人理解有效运营企业微信公众号的方法，下面介绍微信公众号的营销技巧。

1. 以客户的需求为出发点

要结合企业的实际情况，研究客户的喜好，做到取悦客户。比如，做化妆品的企业，可以准备一些护肤技巧、化妆技巧等类型的文章，这样不仅能够让粉丝产生兴趣，而且还能够很巧妙地把企业信息嵌入文章中，以客户的需求为出发点如图 4-3 所示。

2. 用二维码做好线下推广

二维码未来会和企业 Logo 一样，成为一个企业的身份标签。所以在线下利用二维码做好微信公众号的推广，是非常重要的。比如，在产品包装、户外广告、报刊、小礼品等客户看得见的地方，都放上企业二维码，这样更有利于线下推广。二维码线下推广如图4-4所示。

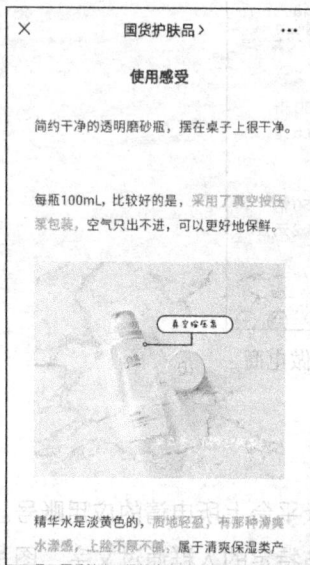

图4-3　以客户的需求为出发点

图4-4　二维码线下推广

### 3. 做高质量的内容

对于平时推送的内容，要进行深度策划，一词一句地推敲，无论是文案还是美工都要进行修饰。千万不要发一些粗制滥造的内容给客户。

### 4. 巧用"阅读原文"

"阅读原文"是非常重要的给网站引流的工具，通过这个链接可以让客户了解企业网站的更多资讯和信息，可以说微信在这个时候成为企业网站的一个重要的流量入口。当然，前提是原文的内容确实能让客户产生阅读的兴趣。"阅读原文"链接如图4-5所示。

### 5. 充分利用二次开发

微信公众号所能实现的功能的局限性很大，不过腾讯开放了微信的应用程序编程接口（Application Programming Interface，API）接口，可以实现二次开发。这样就能够避免微信账号过于格式化，不能展现企业特色的问题。如果企业没有对微信进行二次开发的能力，可以外包给相关的服务商，现在有很多专业做微信开发的服务商，图4-6所示为微信开发服务商。

### 6. 善用微信中的数据分析工具

很多运营问题都可以通过数据分析了解到。现在微信公众平台自带数据分析工具，企业可以通过这个工具查看信息送达率、阅读状况、分享状况等。当然，仅有这些数据还是不够的，还要根据实际运营中的销售情况，分析转化率、成交率等，这样才是比较翔实的数据分析。

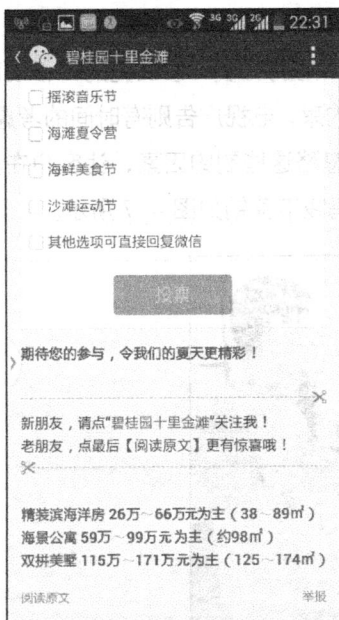

图 4-5 "阅读原文"链接

图 4-6 微信开发服务商

# 4.3 二维码营销

二维码是一种较为常见的营销工具，具有很强的营销推广能力，很多商家都在利用二维码进行信息获取、广告推送、优惠促销等活动。

二维码营销

### ▶▶▶ 4.3.1 二维码基本定义

二维码是用特定的几何图形按一定规律在平面（二维方向上）上记录数据信息的，它看上去像一个由双色图形相间组成的方形迷宫。二维码信息容量大，比普通条码的信息容量约高几十倍。同时，二维码的误码率不超过千万分之一，比普通条码低很多。

> **📋 知识链接**
>
> 二维码编码范围广，可对图片、声音、文字、签字、指纹等可数字化的信息进行编码，易制作，成本低，持久耐用。

与其他营销手段相比，企业进行二维码营销如同拥有了一家便捷的"移动商铺"。户外广告有面积的限制，平面媒体有版面的约束，电视广告则有时间的考虑，而二维码由于具有相当大的信息容量，基本可以忽略这些制约因素，让客户在其感兴趣的时候，用手机及时浏览所有内容。二维码线下营销如图 4-7 所示。

图 4-7　二维码线下营销

## ▶▶▶ 4.3.2　二维码的移动营销应用

二维码的移动营销应用主要有以下几个方面。

### 1. 精准营销

与传统媒体广告相比，二维码广告不仅可以突破版面和空间的限制，而且能够利用手机精确地跟踪和分析每个访问者的记录，为企业的广告投放提供参考，真正实现精准营销。二维码广告由客户主动扫描获取，企业可以直接与客户接触，直接面对消费终端，因此可以直接获取第一手消费数据。通过跟踪每笔交易，企业可以建立稳定忠实的客户群，针对忠实客户推出特定的增值业务，留住忠实客户。

### 2. 数据库营销

在精准营销的基础上，二维码广告商可以建立客户数据库，进行数据库营销，同时，数据库又可以更好地为精准营销服务。对于数据库的各种原始数据，企业可以利用数据挖掘技术和智能分析在潜在的数据中发现盈利机会。通过及时的营销效果反馈，企业也可以及时地对广告营销策略进行调整。

### 3. 跨媒体整合营销

二维码广告是传统媒体广告与新媒体广告的结合体，可以刊载于报纸、杂志、海报、公交站牌等地，手机扫描二维码可以使平面媒体"动"起来。二维码广告以二维码为介质，可以将平面媒体、手机媒体和网络媒体整合起来，从多维度加深客户的品牌印记，形成综合品牌形象。在此基础上，二维码广告可以"量体裁衣"，最大限度地满足客户需求。

> **知识链接**
>
> 二维码广告是一种成功的"跨界"广告，综合了多种媒体的优势，可以想象，未来二维码广告可以实现从"跨界"到"无界"，实现整合营销效果的最大化。

## ⫸⫸⫸ 4.3.3  二维码商业应用模式

随着互联网上本地化电子商务的发展，信息和实物之间、线上与线下之间的联系变得更加紧密。下面介绍常见的二维码商业应用模式。

### 1. 网上购物，一扫即得

国内的二维码购物起源于1号店。目前，国内一些大城市的地铁里，已经有二维码商品墙。这些虚拟货架的上面，陈列着各种日用品的精美图片，客户只要用装有1号店客户端的智能手机扫描商品的二维码，就能轻松完成购物，真实的商品将由1号店以免费的方式在约定时间送货上门。如果家里的米、面、油、沐浴露用完了，只要对着商品的二维码扫一扫，马上就可以查到哪里有促销、价格是多少。而且，通过二维码购物时，产品的二维码直接标示了产品的"身份证"，扫描后出现的产品真实有效，保障了购物安全。1号店的虚拟货架如图4-8所示。

### 2. 扫码打折、送红包

扫码打折、送红包，是业内应用最广泛的方式。比如，商家通过短信的方式将电子优惠券、电子票发送到客户手机上，客户进行消费时，只要扫描二维码，并通过商家验证，就可以得到优惠。扫码送现金券如图4-9所示。

图 4-8　1 号店的虚拟货架

图 4-9　扫码送现金券

### 3. 二维码付款

微信和支付宝都可以使用二维码收付款，所有支付宝或微信客户均可免费领取"向我付款"二维码。客户只需要打开手机客户端的扫码功能，扫描该二维码，即可跳转至付款页面，付款成功后，收款人会收到客户端通知。通过扫描二维码可以快捷支付，不用携带现金，也避免了找零的麻烦。

### 4. 资讯阅读，实现延伸

过去报纸、电视以及其他媒体上的内容，限于媒体介质的特性，是静态的，无法延伸阅读，但是二维码打破了这种界限，实现了跨媒体阅读。比如，在报纸上的某则新闻旁边放一个二维码，读者扫描该二维码后可以阅读新闻的更多信息，如采访录音、视频、图片等。户外广告、单页广告都可以加印二维码，感兴趣的客户只要用手机扫一扫，即可快速了解更详细的内容，甚至与广告主互动。资讯阅读如图 4-10 所示。

图 4-10　资讯阅读

### 5. 二维码电子票

火车票上加入了二维码，大家已经知道。景点门票、展会门票、演出门票、飞机票、电影票等都可以通过二维码实现电子化。比如，客户通过网络购票，完成网上支付，验票者只需通过设备识读二维码，即可快速验票，大大降低了票务耗材和人工成本。火车票二维码如图 4-11 所示。

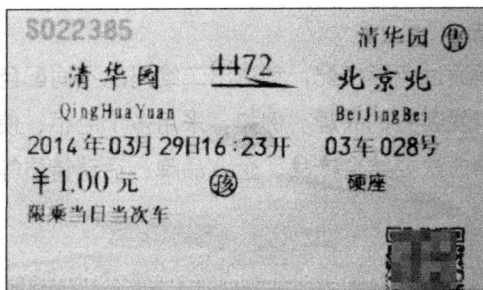

图 4-11　火车票二维码

### 6. 用二维码营销商品

客户只要用智能手机扫描产品包装上的二维码，就能立即显示该产品的信息详情链接，点击链接，可以看到该产品的详细信息。这不仅让客户在选购时能够更加轻松、全面地了解产品的各项信息，让客户可以更好地与品牌互动，让购买变得简单有趣；而且还可以让客户准确辨识真伪，有利于打击盗版。

### 7. 二维码点餐

客户用手机扫描餐饮店的二维码，就可顺利地点到自己最爱的菜品，还可以获得优惠信息，如果有 VIP 折扣券、代金券等，系统可以自动计算应付金额。二维码点餐如图 4-12 所示。

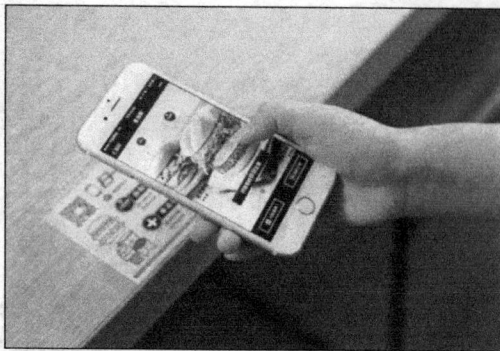

图 4-12　二维码点餐

### ▶▶▶ 4.3.4　二维码的创意制作方法

随着移动互联网的不断发展，二维码开始得到广泛应用，然而，二维码单调的黑白格子形式，很难引发客户关注和扫码的兴趣。那么，我们应该如何做，才能有效地改变这一情况呢？答案就是改变二维码的外观，使其更具有创意性。二维码有哪些创意制作方法呢？具体如下。

#### 1. 色彩缤纷法

色彩缤纷法是指通过色彩搭配，创造出二维码的不同配色效果，是一种很好的创新办法，容易引发客户的兴趣。例如，采用多个色相、使用色彩渐变法等。需要注意的是，这种方法要结合产品、企业品牌、活动特质等元素，才能取得出色的营销推广效果。

#### 2. 局部遮挡法

局部遮挡法是指将宣传主题的核心元素（人物、动物、图形等）融入二维码中，并适当遮挡，可以形成较为时尚的整体构图，从而达到吸睛、吸粉的目的。

#### 3. 中心替换法

中心替换法是指将二维码中心的方块图形换成一个具有引导意义和诠释意义的图形，往往能够使客户弄清二维码的真实意义，从而收到较好的传播推广效果。例如，很多企业将自己的 Logo 放在二维码中心，个人微信二维码名片中间则放置自己的头像。

#### 4. 环境嫁接法

环境嫁接法是一种将外界元素与二维码进行巧妙融合的办法。具体做法是通过简单结合和上下渐变融合外界元素，达到彰显创新性的目的。

### 5. 整体造型法

整体造型法是将二维码作为一个整体进行重新构图，从而衍生出无数创意。例如，将二维码构造成人的身体、卡车的车厢、一颗钻石等。

在设计二维码时，如何确定二维码的尺寸，是令很多管理者十分头疼的问题。一般来说，二维码的信息量和所需像素分辨率成正比，当信息量越大时，所需像素分辨率也就越高，而扫码设备也就越难分辨。因为设备（摄像头）是具有分辨上限的，无法识别分辨率过高的图像，所以，二维码不能设计得过大，应该充分考虑到扫码设备的分辨能力和解码难度。

## ▶▶▶ 4.3.5 二维码营销推广渠道

在做营销推广活动时，如果能够妥善利用二维码，往往能够起到快速传播品牌和产品的作用。那么，我们应当如何做二维码营销推广呢？答案就是合理利用二维码营销的推广渠道，达到多渠道推广的效果。

🔍 **课堂实践**

### 二维码营销推广渠道

1. 微信朋友圈推广

我们可以将二维码分享至朋友圈，让微信好友看到，从而达到传播推广的目的，微信朋友圈推广如图 4-13 所示。

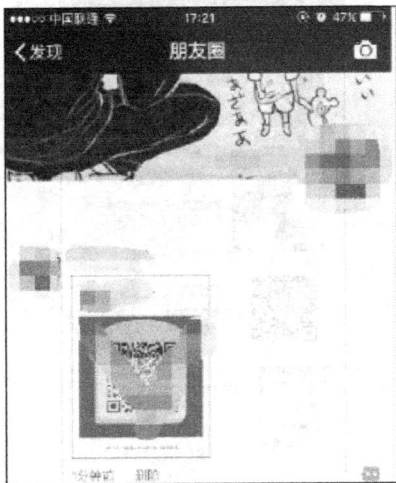

图 4-13 微信朋友圈推广

### 2. 微博推广

在自己所发的微博内容中添加二维码，能够使很多陌生人看到并关注，起到良好的传播作用，微博推广如图 4-14 所示。

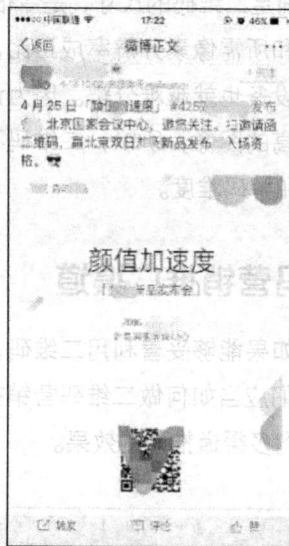

图 4-14　微博推广

### 3. 热文推广

热文生成器具有制作热文的功能，我们可以把二维码植入生成的热文中，从而达到热门文章和二维码一起传播的效果，热文推广如图 4-15 所示。

图 4-15　热文推广

**4. 线下推广**

我们可以将二维码印到易拉宝、传单、海报等宣传物料上，采取线下活动的形式，将二维码传播出去。

需要注意的是，无论尝试哪种推广渠道，二维码本身都要具备创新性，让人觉得其与众不同，只有这样，二维码才能引起客户的兴趣，进而扫码关注。

# 4.4 短视频营销

因适合在碎片化的时间观看且信息量集中，短视频越来越吸引客户的目光，正在成为新的营销风口。

**课堂讨论**

1. 你在短视频平台刷到过一些商家吗？看一下他们是如何营销的。
2. 短视频营销有哪些优势？短视频营销的技巧有哪些？

## ▶▶▶ 4.4.1 短视频概述

短视频通常是一种视频长度以秒计数，并且主要依托于移动智能终端实现快速拍摄和编辑，可在社交媒体平台上实时分享的一种新型视频形式。短视频不同于文字、音频等单一的内容模式，它融合了文字、语音和视频，使内容显得更加立体。

短视频是对社交媒体现有内容（文字、图片）的一种有益补充。同时，优质的短视频内容亦可借助社交媒体的渠道优势实现传播。当下，短视频是受互联网使用人群喜爱的内容形式。与纯文字内容相比，视频更加生动形象，且包含的信息量更多，人们收看视频所花费的时间更少。

**知识链接**

市场上的短视频 App 很多，如抖音、快手、逗拍等。

## ▶▶▶ 4.4.2 短视频营销的优势

短视频营销是企业和商家借助短视频这种媒介形式进行营销的一种方式。不少企业已经意识到短视频是提升品牌知名度

短视频营销的优势

的最佳方式之一。越来越多的企业开始使用短视频开展市场营销活动。短视频营销有哪些优势呢？

### 1. 短视频是大脑更喜欢的语言

研究数据表明，大脑处理视频的速度要比处理纯文字快很多倍。从人体本能来说，比起图像和文字，视频内容更具视觉冲击力，集声音、动作、表情于一体，可以让客户更真切地产生情感共鸣。同时，在生活节奏越来越快的时代里，短视频这种碎片化的资讯获取方式和社交方式越来越受到人们的欢迎。

### 2. 互动性强

短视频主播可以和客户产生互动，每个客户都可以对短视频点赞、转发、评论。客户在评论区向主播发出评论，主播可及时做出回答，当客户看到自己的评论被回复时，评论的积极性自然就提高了。只要短视频内容足够精彩，就能在很大程度上引起大量客户转发，达到大面积传播的效果。转发短视频如图4-16所示。

图4-16 转发短视频

### 3. 传播速度快

短视频的传播门槛低，传播渠道多，容易实现裂变式传播。直接在社交平台上分享自己的短视频，就可以让更多的人看到。

### 4. 轻松植入品牌广告

短视频可以轻松地植入品牌广告，或向客户传递品牌形象。在短视频中，产品形态是多样化的，产品可以是人，也可以是画面、场景、情节等。在短视频中植入广告，客户对广告的接受程度会更高，也会让客户对广告进行二次传播。

### 5. 成本低

短视频制作、推广及粉丝维护的成本相对较低。优质的短视频原创内容，往往能吸引更多的受众，使企业不需要花费太多的精力就能吸引客户关注。

### 6. 数据效果可视化

短视频营销对比传统营销还有一个明显的优势，即可以根据视频平台研发的辅助功能进行数据分析，分析的内容包括有多少人关注，视频有多少人浏览，转发多少次，评论多少条，有多少人互动等。进行短视频营销时，全方位地进行数据分析，调整并及时优化短视频内容，可以达到更好的营销效果。

## ▶▶▶ 4.4.3 短视频的类型

短视频常见的类型包括高颜值、才艺表演、搞笑、萌娃萌宠、特色景点、正能量、实用技术等。

### 1. 高颜值

颜值高的短视频主播更容易获取粉丝的好感，粉丝在第一次看见时往往会点赞，回头观看的意愿、评论互动的动力也更强。

不得不承认的一点是，高颜值类短视频是直播平台、视频平台流量的主要来源。一些高颜值的主播仅仅是翻拍了一个动作或者跳了段舞蹈就可能会收获几百万点赞。但只靠颜值支撑的作品的生命力颇为脆弱，客户很快就会产生视觉疲劳。

> **知识链接**
>
> 高颜值并不是短视频火爆的必需要素，如果短视频主播在拥有高颜值的同时，还具备创意和互动因素，就会有巨大的点击量。

### 2. 才艺表演

才艺表演是指通过剧情表演、音乐、舞蹈所展现的一种内容。例如，抖音刚刚进入市场进行推广时，就到各大高校艺术社团去做宣传，因此有一定的艺术类人群的基础。特别是音乐和舞蹈类的内容，更能吸引粉丝的关注。

不过才艺表演类短视频的内容要求高，如表现力要强、音乐要好听、舞蹈要好看，没有这方面才能的人是无法做出高质量的才艺表演类短视频的。

### 3. 搞笑

搞笑类的内容覆盖范围广，基本所有的用户都可能关注。搞笑类的内容包括讲笑话、搞笑情景剧等。短视频最主要的使用情景是用户在碎片化时间里进行消遣时，当用户看了视频捧腹大笑后，点赞顺其自然就成为一种奖赏。因此搞笑类的视频内容容易成为热点。

与其他类型的短视频相比，搞笑类短视频的内容要求更高，必须有笑点，让人看了立刻就有点赞和转发的欲望。

### 4. 萌娃萌宠

萌娃萌宠也是受众较多的一类内容。比如把宠物人格化，给宠物穿上很多搞怪的服装、给宠物配音等视频经常有很高的播放量。

> **知识链接**
>
> 萌娃萌宠类短视频有强大的心理治愈能力，能让人看完以后瞬间变得很轻松。猫、狗、可爱的小宝宝，只要可爱、内容有看头，往往就能吸引人们的眼球。

### 5. 特色景点

短视频也带动了特色景点的发展，这些特色景点带给人美的享受，令人向往，很容易引起用户的关注。

例如，抖音不仅带动了很多好用的产品的销售，一些旅游景点也被宣传推广，这推动了当地旅游经济的发展。

### 6. 正能量

正能量的内容也比较受欢迎，越是压力大的人、越是浮躁迷茫的人，越是需要正能量。如果短视频能够带给别人正能量、引起人们内心深处的共鸣，那么这样的内容往往会有很高的评论与转发量。

正能量的内容很容易引起大家情感上的共鸣，易于转发传播。这类内容用犀利的文案加上有感染力的表述形式，打造价值认同感，而这种价值认同感能带来追随式的关注，使粉丝的黏性更强。

### 7. 实用技术

实用技术类短视频在短视频平台上一直非常火，包括实用培训教程、资源集合、美食教学、生活技巧等类型。虽然这类视频的粉丝规模有限，但定位更加精准，可以带来更高的转化率。这类视频很好地利用了人们的收藏心理——人们总想着"先点赞收藏，未来可能会用得上"。只要主播有一项还不错的技能，就可以拍成视频。

美食承载了丰富的情感，而美食类短视频不仅使人身心愉悦，更能让人产生共鸣。近年来，随着短视频产业呈现井喷式增长，美食类短视频作为其中一个细分领域，更是火热。美食具有极致的诱惑力。一个好的美食类短视频即使没有真的让人吃到美食，但画面也足以让人浮想联翩。

### ▶▶▶ 4.4.4 短视频营销技巧

随着短视频的火爆，各大商家都纷纷试水短视频营销。那么短视频营销有哪些技巧呢？下面以抖音平台为例，介绍短视频的营销技巧。

#### 1. 利用短视频平台的开屏广告

短视频平台的开屏广告即在启动短视频平台时展现的广告。开屏广告在短视频平台启动后会展现 5 秒，广告播放完毕后进入"推荐"页面。作为短视频平台的黄金广告位，开屏广告可在第一时间抢占客户的注意力。这些广告通过精准的定位来吸引客户并引导其购买，从而实现所期望的营销效果。开屏广告如图 4-17 所示。

图 4-17 开屏广告

> **知识链接**
>
> 　　开屏广告具有震撼的视觉曝光，给客户带来的视觉冲击非常大。开屏广告是短视频平台启动后的第一个广告位，其曝光量是十分巨大的。企业投放的开屏广告以品牌形象广告、新品上市广告等为主，以增加曝光量、展现形象。

### 2. 利用短视频平台达人营销

随着移动社交短视频平台的火爆，短视频平台孵化出一大批"达人"，短短两三年时间就成为品牌商家营销的"新宠"。短视频"达人"营销就是将"网红"的粉丝流量向短视频平台转移，以达到提升营销能力的效果。很多短视频平台"达人"的粉丝量巨大，这些短视频平台"达人"可以接一些广告，然后利用自己的短视频进行广告植入。通常，企业会邀请短视频平台"达人"定制创意与企业品牌相符的短视频，然后带动大量粉丝点赞，并引发传播热潮。

### 3. 建立短视频平台企业官方账号

短视频不仅吸引了个人，很多品牌企业也开始入驻短视频平台，通过短视频传递品牌具有趣味性、实用性、娱乐性的一面，从而吸引客户。支付宝、京东、天猫、小米、腾讯等已经开始了短视频平台运营，甚至传统的线下企业也开通了短视频账号。

图 4-18 所示为支付宝将运营部的日常生活和支付宝的功能编辑成视频，放在短视频平台上，吸引了不少粉丝关注。

图 4-18　支付宝的抖音号

### 4. 找到能引爆客户的爆点话题

在短视频平台上定期会出现热门视频、热门话题，品牌企业可以将产品和热门话题结合起来，找到一个能引爆客户的爆点话题。这个话题要是受众切实关心的，能够引发受众强烈共鸣的话题。

小米手机抖音号发起的话题"我的颜值 3 200 万"，短时间内播放次数达到了109.3 亿次。"我的颜值 3 200 万"话题如图 4-19 所示。

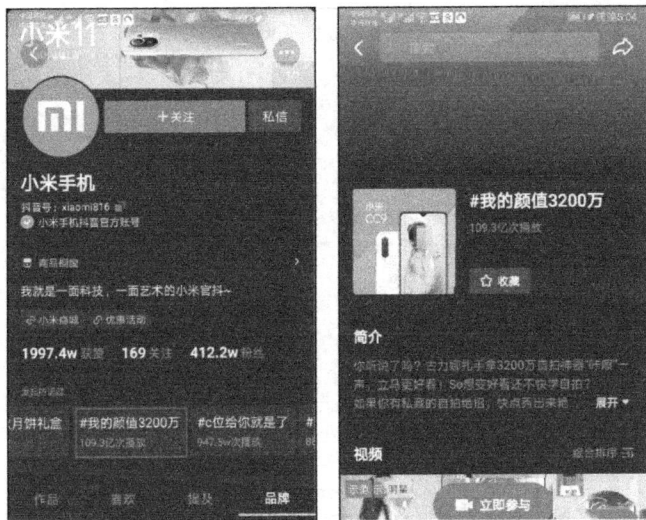

图 4-19 "我的颜值 3 200 万"话题

# 4.5 直播营销

直播营销是指在现场随着事件的发生、发展进程同时制作和播出节目的营销方式,该营销活动以直播平台为载体,力求达到企业获得品牌知名度的提升或销量增长的目的。

随着移动互联网的飞速发展,国内直播行业获得了长足的进步。不仅网友喜欢在网上观看一些直播内容,不少商家也开始在直播平台上开展营销。

**课堂讨论**

1. 你有没有在直播平台上购买过商品?观察一下主播是如何卖货的。
2. 直播营销时的互动技巧有哪些?

## 4.5.1 提高直播人气

直播时提高人气的方法有哪些呢?一般直播间的人气主要来自以下两方面。

### 1. 粉丝

有些新主播进入直播间,发现直播没有一个人看,根本原因就是没有粉丝。粉丝是直播间人气的最主要来源,粉丝的积累是一个漫长的过程。强大的粉丝团如图 4-20 所示。

图 4-20　强大的粉丝团

当开启直播以后，只要关注了的粉丝都会收到一个直播开始的通知，他们可以通过这条通知进入直播间。

### 2. 小时榜排序

除了粉丝会来到直播间以外，还会有游客从小时榜中进入直播间，小时榜一般会出现在顶部列表之上。小时榜如图 4-21 所示。

假如直播间在小时榜中的排名靠前，那就相当于有一个广告位推荐，就会有观众进入直播间。

图 4-21　小时榜

### ▶▶▶ 4.5.2 直播互动时的技巧

许多新手主播在直播时都会遇到的问题就是互动不够，容易冷场。这绝大多数是因为主播不懂得直播时的互动技巧。直播互动时的技巧如下。

#### 1. 表情、动作丰富，带动气氛

很多新手主播在直播间容易表情、动作僵硬，肢体语言不够丰富。这也是许多新手主播人气不高的重要原因之一。

主播除了要善于调动现场气氛，还要尽可能地增加与粉丝的交流，提高每个人的参与感。除了多笑，新手主播也可以增加一些小手势和表情。这些细节能让粉丝受到感官刺激，粉丝能感受到主播的积极与热情，更容易对主播产生好感。

#### 2. 大方一点，动起来

唱歌的时候一定要试着挥动胳膊跟大家互动，如果能唱跳那就更好了。如果你是粉丝，你喜欢看主播一本正经地唱歌，还是喜欢看主播又唱又跳？所以，主播一定要动起来，不要扭扭捏捏。

#### 3. 多谈自己的生活感受和经历

与粉丝分享一些自己的生活小事，容易拉近主播和粉丝的心理距离。比如最近去哪里逛街和旅游了，又如最近逛淘宝的时候又看上了哪款包包和裙子等。

#### 4. 要有自己独特的直播风格

直播的方式每天都在推陈出新，要善于变换、创新思想。要有自己的直播风格，多与粉丝互动，与其打成一片。直播时充分展示语言的魅力，文明的聊天能够吸引粉丝，不论怎样变换风格，最终的目的都是吸引粉丝的关注。

#### 5. 选择合适的直播时间

很多主播觉得晚上 7 点到 11 点是黄金时期，都在这个黄金时期开直播。这段时期的确上网的人会多点，但是上线的大主播更多，新人主播很难和大主播竞争，这时主播应学会合理地错峰直播。此外，当主播发现自己当前选择的直播时段人气状况不理想时，可以考虑更换其他直播时段，以发掘更多的潜在粉丝。

### ▶▶▶ 4.5.3 直播带货模式

直播带货模式有哪些？目前为止，比较常见的直播带货模式包括：直接卖货模式、基地走播模式、定制模式、砍价模式、产地直播模式。

### 1．直接卖货模式

直接卖货模式主要是卖产品，直播内容就是主播一款一款地介绍在售产品，详细讲解产品功能，通过各种促销活动来提升销售额。这种模式的竞争力来源于产品。

### 2．基地走播模式

基地走播模式主要以展示场地或者制造工艺、细节为主，从而销售产品。主播在直播基地做直播，一般提前到基地选好货，等基地做好准备，主播在现场开播。

一般基地的装修和直播设备都比较高档，画质都比较好，容易引导粉丝下单，但同时也会造成较高的售后退货率。这种直播往往销售的产品类型较多，而且这些产品经过了主播筛选，比较符合粉丝的需求。

### 3．定制模式

定制模式是指直播销售的所有产品都是主播自己找工厂定制的。主播根据粉丝的需求，推出特有的款式，同时也保证了品质，成交主要来自粉丝对主播的信任以及对款式的认同。这种模式是操作难度最大、门槛最高的。

### 4．砍价模式

主播拿到货主的商品后，把商品的优缺点告诉粉丝，同时也告诉粉丝商品大概的价值，征询有意向购买的粉丝。在这个基础上，货主报价，主播砍价，价格协商一致后成交。

主播赚取粉丝的代购费和货主的佣金。这种模式下，一货一品，容易引发哄抢，而粉丝也喜欢围观砍价和成交的过程。

### 5．产地直播模式

无论是自产自销还是产地直销，产地直播模式的性价比都最高，比如卖水果等。

## ▶▶▶ 4.5.4　直播留人技巧

想要打造一场高人气的直播，不仅要想尽办法吸引客户来直播间，还需要想办法留住客户。直播时怎么留人呢？

### 1．直播开场留人

直播开场主要应快速吸引大家的注意力，聚集人气。在直播开场中，主播可以通过以下方法来吸引大家关注。

（1）利用暖场话术。

可以通过直播暖场话术来向大家表达感谢和欢迎，在拉近与客户距离的同时，让他们不自觉地留在直播间。

（2）安排直播抽奖。

很多人都是无意间进入直播间的，但无论直播主题是否与其相关，若只要参与就有机会获奖，很多人都会选择留下来。

### 2. 直播中留人

直播开场吸引关注后，直播中该如何留人呢？

（1）价值内容留人。

一个高人气的直播间，它的直播内容永远是最核心、最能吸引客户的。在直播时，要紧紧围绕直播主题展开，最大限度地分享准备好的"干货"。这样客户看了直播后才会觉得有用，才会主动留下来，甚至观看下一次直播！

（2）直播互动留人。

直播是一个双向交流的互动过程，主播千万不要只顾着自己说。在直播过程中，主播要及时了解大家的需求和回复问题。同时也可以引导大家提问或者回复，让大家更有参与感。另外，主播也可以发起直播连麦，和其他主播线上交流。

### 3. 直播后留人

当直播进入后半场时，无论是主播还是看直播的人都会有些疲倦。这时可以再次通过直播抽奖来激发大家的积极性。后半场的直播抽奖可以在开始之前就提前跟大家预告。比如在直播中场时，就告诉大家今天准备了大礼包，通过提前告知，吸引大家留在直播间。

# 4.6 社群营销

社群营销就是在互联网数字化社群的社会环境下，充分运用互联网工具，激发社群所蕴藏的巨大能量，达到营销的目的。移动互联网加强了人与人之间的联系，一群有共同语言的人组成各种社群，他们或有着共同的兴趣，或使用同样的产品，或追求共同的价值等。下面介绍社群营销的要点和社群活动的策划。

### ▶▶▶ 4.6.1 社群营销的要点

社群具有交流分享功能，在营销者从事营销活动时，其完全可以作为一个营销工具。社群营销者如果将社群利用好，充分发挥它的能量，便能够有效提高自己产品的影响力和品牌知名度，进而实现利润的快速增长。但是，社群营销并不是一件简单的事，而是一门精深的学问。社群营销的要点有哪些呢？

### 1. 个性化的欢迎方式

每位客户在加入一个新社群时，都会产生一些紧张感和疏离感。为了消除这种情绪，社群营销者需要设立独具特色的欢迎语，发给每一个新入群的成员。

欢迎语要热烈直接，如"热烈欢迎×××加入××大家庭"，这样可以加深客户对社群的好感度，提升其在群中的活跃程度。

### 2. 完善的群内规则

任何一个组织或群体，都要有一定的规章制度，这是它存在的基础，社群也是这样。社群营销者在建立社群之初，就要确立群规则，并将这些规则落到实处，尽量让其被所有群成员熟知。要想做到这一点，社群营销者可以经常性地将群规则发布出来，让所有成员看到，加深他们的印象。

### 3. 注重实用价值

客户进入一个社群，一般是为了追求某种实用价值，如学习知识、了解新闻、拓展人际关系等。社群营销者需要满足客户的这些需求，在群中发布更多的资讯内容，并主动帮助群成员增进彼此之间的了解。

### 4. 适时更换群名称

适时更换群名称可以起到吸引群成员注意的效果。社群营销者可以利用这种方式不断提高社群内部的活跃度。

### 5. 清理边缘人员

边缘人员即经常不说话的群成员。这些人会影响群内的活跃氛围。社群营销者需要定时清理这些人，使群内的交流氛围变得更好。

### 6. 主动制造吸睛点

社群营销者可以通过制造吸睛点的方式吸引群成员的注意，进而加强群成员间的互动。例如，某群内有 3～5 人发布"群主太给力啦，笑话太逗啦"，就会有很多人出来询问到底是什么笑话，如此便可以建立良好的互动环境。

除此之外，还可以举办各种线上、线下活动，创建速聚、速离群等方式，这些都可以起到不错的"养群"效果。社群营销者需要根据自身情况，不断开发新的"养群"方式，以便更好地挖掘社群的潜力，达到营销目的。

### 7. 定时抛出热点类话题和干货文章

社群是否有价值，在很大程度上取决于群的活跃度。而社群若想实现较高的活跃度，就需要群主定时抛出一些热点类话题和干货文章。热点类话题很容易引发持续性的讨论，而干货文章则会引起大量成员的兴趣，这些都可以起到提高活跃度的作用。

### 8. 发展积极分子

几乎每个社群中都会存在一些积极分子。他们的数量一般不会很多，但是往往具有助人为乐、勇于发问、耐心解答问题等优秀特质。群主应该重点关注这些积极分子，并努力争取他们的支持，这对于管理社群、提升社群的价值来说很有助益。

### 9. 严禁随意拉人和发广告

现在建立社群很容易，但是维持下去很难，其中很重要的原因就是无限制地拉人和铺天盖地的广告。群主应该制定严格的相关规则和成员准入标准，禁止群成员随意拉人和发送群内广告，一旦有人触犯立即将其移出群，这样才能在源头上杜绝此类不良行为，使社群能够在健康发展的道路上走得更远。

## ▶▶▶ 4.6.2 社群活动的策划

无活动，不社群。很多社群管理者通过策划一系列的社群活动达到引流、裂变、商业变现的目标。社群活动其实是活跃社群内气氛的重要方式，也是社群成员的权益所在。如果一个社群内长期没有活动，社群成员之间会变得陌生，社群成员没有归属感，找不到社群存在的价值和意义。

### 1. 内容分享

内容分享常见的组织方式就是由社群管理者提前协调社群成员，每周规划1～2个主题，邀请不同成员或"大咖"分享，每次分享用时1～2个小时。在约定的时间邀请成员一起交流讨论，这样就有了"集体创作"的感觉，同时固定的分享活动会让成员产生身份认同感，找到自我存在的价值，而这种价值感会催化更多良性的反应。分享活动前，社群管理者应该事先了解分享的内容和社群成员的匹配度情况，分享结束后需要收集社群成员的反馈信息，同时把内容整理好后分享给社群成员用来复盘，或者作为下一次引流的储备文案。

### 2. 签到打卡

例如，一个健身的社群，社群成员之间可相互监督是否认真完成了训练，要求每个成员在晚上9点之前上传3张自己当天的健身照片，如流汗的照片、举哑铃的照片，然后大家可以一起评论交流等。这既可以增加社群成员的归属感，又可以增加社群成员之间的认同感和自身的存在感。很多社群会发早报，推送早报不是为了提供信息，而是以早报的方式，让社群成员产生"共振"。这种方式基于"与社群成员保持同频率"的共振原理，即社群管理者在时间上与成员达到同频率（社群成员可以在他们上下班的路上接收新闻），在内容上与成员达到同频率（成员如果是互联网从业者，那么推荐的内容也是有关互联网行业的），用好"共振"事半功倍。

### 3. 有奖征集

例如，有奖征集宣传文案、产品名称、解决方案等，这能让社群成员的智慧为社群管理者所用，同时还能增加社群成员的参与感。

### 4. 线下活动

线上聊一年，不如线下见一面。线上沟通便捷、方便，线下沟通则立体、真实、有温度，所以在运营社群一段时间后，除了线上的活动，也要组织线下活动。这样的社群才更有温度、更团结，才能使原来的弱关系社群转变成强关系社群。

## ▶▶▶ 4.6.3 社群裂变扩张

裂变的本质是给客户提供更多的价值，价值能促使客户拉新，进行再次裂变。有很多社群裂变方法和工具，如换码宝、进群宝等，其模式为：客户完成一个转发朋友圈的任务，然后就可加群领取相应的福利，或者前多少名免费领取福利。

大家经常看到各种社群裂变的方式，如美团的以老带新、携程的酒店砍价等。以老带新是一种比较常用的裂变形式，通过老客户带动新客户，同时给予某一方或双方奖励。砍价裂变这种形式大家都不陌生，砍价裂变运用微信等载体，实现了非常强的裂变效果。客户购买一个产品，如果能够让好友帮忙砍价，就可以获得折扣，客户通过转发分享砍价实现了裂变。社群砍价如图 4-22 所示。

图 4-22 社群砍价

### 1. 社群裂变选题策划

选题策划是社群裂变流程中最重要的一环，即确定要给目标客户提供的内容是什么，选题的好坏直接决定了裂变的成功与否。社群裂变的选题需要准确满足客户需求，最好能超出客户的预期，选题内容可以是一个产品、一个经验或者一个服务。

## 2. 社群裂变海报设计

海报能给客户带来直观的感受，所以海报的设计至关重要。设计海报的工具有"创客贴"和"懒设计"等，"创客贴"提供的海报模板如图 4-23 所示。

图 4-23 "创客贴"提供的海报模板

一张成功的裂变海报应包含客户身份、主标题（加副标题）、内容大纲、信任背书、紧迫感、额外价值六大要素。在设计海报时，如果能邀请到行业权威人士进行背书，取得的效果会大大增强。海报标题的大小要保证客户在朋友圈或微信群里看到时，不点开也能看得很清楚，内容要简洁、清晰，文案要抓住痛点，制造出紧迫感或稀缺感。

## 3. 社群裂变启动机制

社群裂变启动机制是非常关键的，主要包括内容裂变和利益驱动裂变。

内容裂变是根据社群客户的属性，成立相对应的属性社群，然后为这部分客户提供相对应的高质量内容，并以开设课程等方式，让客户通过转发海报获取低价课程名额的方式来进行裂变。

利益驱动裂变的核心是给客户"看得见"的利益，促使客户产生转发行为。

### 4. 社群留存和销售转化

社群客户的留存和销售转化一般是社群运营人员最重视的问题，通过社群裂变活动实现客户的增长后，需要不断提升客户的归属感，为其持续输出价值，让客户在社群里能够找到归属感、惊喜感。

运营人员应该借助各种社群管理工具，分析社群的客户数据和内容数据，观测社群中活跃客户的数量、新增客户的数量、客户入群和退群比例、互动客户人数、互动客户比例，分析社群的状况，开展话题互动、干货分享、利益驱动等活动，提升社群活跃度，让更多的客户留存在社群。

### 5. 社群裂变优化

裂变的过程是一个随时检验、优化的过程，因此在执行过程中要及时关注数据，关注客户的反应，并做出调整。在社群裂变的同时，也应加强对个人微信号的裂变，通过奖励机制、限时稀缺性等方式引导新入群用户主动添加管理员个人微信号，增加朋友圈曝光度和通过重点用户私聊提高裂变效率。

# 4.7　H5 营销

H5 是 HTML5 的简称，是一种用于制作网页的计算机语言。H5 营销是指利用 H5 技术，在页面上融入文字特效、音频、视频、图片等各种媒体表现方式，精选品牌核心观点，突出重点，方便客户体验及客户与客户之间进行分享。

**课堂讨论**

　1.　你见过 H5 营销的案例吗？

　2.　H5 营销的类型有哪些？

## ▶▶▶ 4.7.1　H5 营销的类型

H5 网页中通常包含商品信息、公众号等内容，客户在移动端的每次转发和分享，都可以帮助网站进行宣传和营销推广。根据营销功能，H5 营销主要分为展示类 H5 营销、活动类 H5 营销、商品介绍类 H5 营销、游戏类 H5 营销以及技术趣味类 H5 营销。

### 1. 展示类 H5 营销

展示类 H5 营销是最常见的 H5 营销形式，制作简单，不需要使用过多的交互技术，但在视觉设计上能让人大饱眼福，内容包括标题、文案、图片和视频等。

产品展示、照片海报等都属于展示类 H5 营销。

### 2. 活动类 H5 营销

活动类 H5 营销包括多种内容形式，如游戏、邀请函、贺卡、测试题、投票、抽奖等，通过与客户互动，以及高质量和具有话题性的设计来提高传播效率。H5抽奖活动如图 4-24 所示。

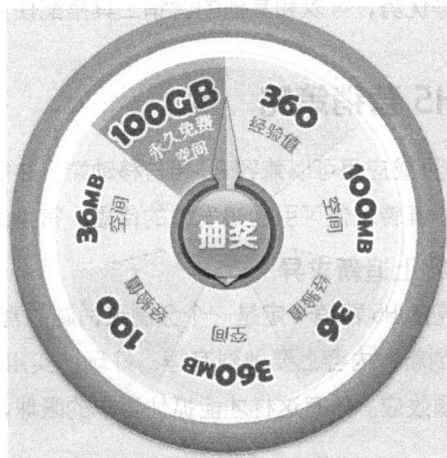

图 4-24　H5 抽奖活动

### 3. 商品介绍类 H5 营销

商品介绍类 H5 营销通常聚焦于商品功能介绍，运用 H5 的互动技术优势来展示商品特性，从而帮助客户全方位地了解商品，甚至引导客户产生购买行为。图 4-25所示为采用 H5 制作的页面。

图 4-25　采用 H5 制作的页面

### 4. 游戏类 H5 营销

游戏类 H5 营销的营销效果也很好，比如在节假日制作一个应景的小游戏，并在游戏内加入一些软广告做宣传。客户参与感比较强的营销作品中最具有代表性的就是各类 H5 小游戏。

### 5. 技术趣味类 H5 营销

技术趣味类 H5 营销以技术优势取胜，以酷炫的技术为卖点，包括 VR、3D、重力感应、模拟微信等技术。其有着强大的互动功能，比起普通的活动营销，又有着有趣、创意、新鲜等优势，可以和其他的营销工具搭配使用，效果是很不错的。

## ▶▶▶ 4.7.2　H5 营销策略

运用 H5 搭建的网页或应用可以兼容 PC 端与移动端，并能轻松地移植到微博、微信等平台中，客户一键转发便可引起爆发性的传播。常见的 H5 营销策略如下。

### 1. 在创意和内容上追新求异

一个让人眼前一亮的 H5 营销一定是一个会制造话题的营销。创意上要结合品牌特性，达到视、听创新；内容上要做到有趣、好玩、实用、有价值，另外还需要紧跟热点，利用话题效应。只有这样才能抓住客户的眼球，促使客户进行分享、传播，达到营销效果。

### 2. 深挖 H5 营销的价值点

一个好的 H5 营销一定具备打动客户的价值点，尤其是功能型 H5 营销，需要根据品牌的形象定位以及受众的特性设计，将品牌或产品的功能性特征抽象到生活方式或者精神追求的层次，只有这样才能让客户产生共鸣。

### 3. 从技术上寻求突破

要想让 H5 营销脱颖而出，其核心应用技术也必须"高大上"，必须大胆应用多媒体特性，以及三维图形制作、3D 特效等功能属性，而不是仅体现在触摸、滑动等传统幻灯片的简单操作上。

### 4. 多渠道推广

充分调动身边任何可以利用的渠道资源，进行多种形式的推广，比如通过公众号进行图文推广、微信群推广、线上线下二维码推广及 KOL（意见领袖）转发和投稿等。另外，可以策划开展多样的线上线下活动，促进客户形成品牌倾向性。

# 4.8　移动广告营销

移动广告就是我们在使用智能手机、平板电脑等移动设备对移动网页或移动应用进行访问时，屏幕所显示的广告。这些广告的形式多种多样，有图片、文字、链接、视频等。移动电商在开展经营活动时，可以借助移动广告的营销宣传作用，对自己的产品或服务进行广泛传播。

**课堂讨论**

1. 你在移动平台上看到过广告营销吗？观察一下商家是如何做的。
2. 说一说移动广告的优势有哪些，你见到的移动广告的类型有哪些？

## ▶▶▶ 4.8.1 移动广告的优势

相对于传统广告来说，移动广告的优势如下。

### 1. 受众范围广

移动广告不受时空限制，传播范围极其广泛，能通过国际互联网24小时不间断地把广告信息传播到世界各地。只要具备上网条件，任何人在任何地方都可以随时浏览广告信息。

### 2. 交互性强

交互性是互联网媒体的最大优势，不同于其他媒体的信息是单向传播的，其信息是互动传播的。在网络上，当客户获取他们认为有用的信息时，商家也可以随时得到宝贵的客户信息的反馈。通过链接，客户只需点击鼠标，就可以从商家的相关站点中得到更多、更详尽的信息。

另外，客户可以通过广告直接填写并提交在线表单信息，商家可以随时得到宝贵的客户反馈信息，从而进一步缩短客户和商家之间的距离。同时，移动广告可以满足客户进一步的产品查询需求。

### 3. 受众数量统计精确

在网上可通过权威、公正的访客流量统计系统，精确统计每个广告的受众数量，以及这些受众查阅的时间和地域分布情况。这样，借助分析工具，成效易体现，客户群体清晰易辨，广告行为收益也能准确计量，有助于商家正确评估广告效果，制定广告投放策略。

### 4. 感官性强

传统媒体是二维的，而移动广告则是多维的。移动广告的载体基本上是多媒体、超文本格式的文件，它能将文字、图像和声音有机地组合在一起，传递多感官的信息，让客户身临其境般体验产品、服务与品牌。

### 5. 即时性

智能手机具有可随身携带的特性，客户可以随时随地上网，浏览其所关心的信息。而依托于移动端的移动广告就可以基于这一特性，发布及时有效的广告信息，让客户能够在第一时间看到。

### 6. 扩散性

通过微信、短信、微博等不同方式，客户可以把自己觉得有用的移动广告及时转发出去，在自己的圈子中产生扩散传播效应，引发较大的反响。

> **知识链接**
>
> 移动广告还具有可测性或可追踪性的特点，有助于商家准确统计目标客户数量和其他相关数据。

## ▶▶▶ 4.8.2　移动广告的定位方法

很多移动广告都采用简单粗暴的"广撒网"模式，并希望以此来获取更多客户的关注，起到良好的营销推广效果。但实际情况是，客户对此类同质化严重、缺乏有效信息的广告没有兴趣，甚至心怀厌恶。长此以往，很容易败坏整个移动广告业的名声，造成严重的后果。

> **知识链接**
>
> 实际上，移动广告要想做好，不能只靠数量，也不能只靠质量，而是要在合理定位的基础上，满足目标客户的真实需求，从而实现移动广告健康、快速的发展。

移动广告的定位主要分为以下几个方面。

### 1. 针对性定位

要想做出有效的移动广告定位，首先就要找到具有特定需求的目标人群。

### 2. 覆盖性宣传

在确定了目标人群之后，就要在目标人群中展开覆盖性宣传，具体方法是线上、线下活动相结合，如在微信、微博、论坛上进行宣传推广类活动，同时举办线下的优惠类、体验类活动等。总之，我们要尽最大可能提高广告在目标人群中的有效覆盖率，让更多目标客户了解我们的广告和产品。

### 3. 提升变现能力

宣传的目的就是变现，所以还要提升目标客户的变现能力。这就需要收集不同客户的移动端数据，如偏好数据、支付数据等，以客户的需求偏好和经济实力为基础，向客户精准推送广告。这样做有利于获得客户的好感，使其更易产生购买行为。

## ▶▶▶ 4.8.3 移动广告的类型

移动广告大致可以划分为图片类移动广告、富媒体类移动广告、视频类移动广告以及原生移动广告等，不同形式的移动广告的效果也各有不同。

### 1. 图片类移动广告

图片类移动广告目前最为普遍，它能够在短时间内抓住客户的眼球。图片类移动广告的形式主要有两种。

一是横幅广告，其形式可以是 GIF 格式的图像文件，也可以是静态图形。这种广告形式一般在应用的页面底部或者顶部出现，横幅广告如图 4-26 所示。

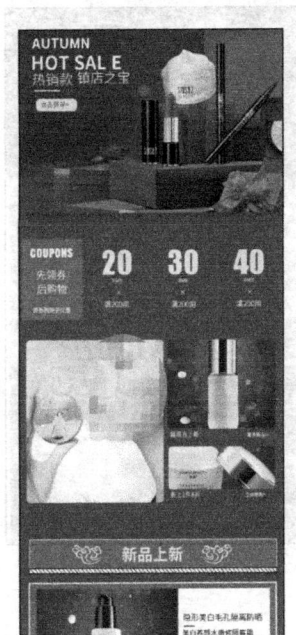

图 4-26　横幅广告

二是插屏广告，其图片丰富绚丽，能够展现应用的特点，一般会在应用开启、暂停、退出时以半屏或全屏的形式弹出，不会影响客户对应用的正常体验。插屏广告因其点击率高、转化好，深受广告主的喜爱，而极具优势的广告单价也让插屏广告的开发者获益匪浅。

### 2. 富媒体类移动广告

富媒体类移动广告融视频、音频及互动于一体，将网络广告的形式提升到一种新境界。其包含下列常见的形式之一或者几种的组合：流媒体、声音、Flash，以及 Java、JavaScript、DHTML 等程序设计语言。富媒体类移动广告的创新性和互动性使其点击率显著提高。调查数据显示，富媒体类移动广告的平均点击率是其他广告的五倍，越来越多的人逐渐认识到富媒体类移动广告的现实功效，开始利用富媒体制作优秀的广告来娱乐、吸引在线受众，促进产品销售。

### 3. 视频类移动广告

视频类移动广告是指在移动应用内插播视频的广告形式。视频类移动广告主要应用于各种移动应用，如电子书、手游、工具类软件等，以及一些移动设备上的视频播放器。其一般是在应用启动的时候，出现精美的加载页面、视频广告，配有加载进度条，此模式与传统互联网视频类似，比较符合客户的习惯。图 4-27所示为视频类移动广告。

图 4-27 视频类移动广告

### 4. 原生移动广告

原生移动广告是移动广告中一种新的广告表现形式。原生移动广告的发展还处于萌芽阶段，对原生移动广告并没有一个精确的定义。原生移动广告基本上可以理解为：它是一种让广告作为内容的一部分植入实际页面设计中的广告形式，是以提升客户体验为目的的特定商业模式。其主要表现为广告内容化及力求实现广告主营销效果、媒体商业化、客户体验三方共赢，原生移动广告或将成为移动应用的主流广告模式之一。图 4-28 所示为原生移动广告。

图 4-28　原生移动广告

### ▶▶▶ 4.8.4　移动广告的优化平台

目前，移动广告正处于迅猛发展阶段，之所以能飞速发展，正是因为其新颖、内容为王的原创广告形式突破了移动广告的营销瓶颈。移动广告有很多优化平台，它们为广告主提供了专业化的管理平台，能够使广告主更精准、高效地进行广告投放，取得公正、可观的广告收益。下面，我们就来看几种典型的移动广告优化平台吧！

#### 1. 芒果移动广告

芒果移动广告是一个移动广告聚合平台，它整合了国内外 30 多家主流移动广告平台，可同时从填充率、点击率、热门度等多方面时刻监测各移动广告平台的使用情况，力求为众多 App 开发者带来最合适的广告，在提高点击率的同时提高广告收入。

芒果移动广告自动优化的算法是基于其海量的移动广告展示、点击和受众行为的分析数据而形成的，可根据 App 的类别、特点，并结合设备、地域和受众特性等多方面数据，尽量为每一次广告请求匹配最适合且高价的广告。

芒果移动广告提供开屏广告、视频广告、信息流广告、积分墙广告等，层出不穷的移动广告形式带来了新鲜的客户体验，也为 App 开发者带来了更高的广告收入。

#### 2. AdView 移动广告

AdView 移动广告优化平台，是国内好用、高效的移动广告聚合接入和智能优化服务提供商。其整合了国内外多家主流移动广告平台资源，为 Android、iOS 应用开发者提供一站式移动广告聚合接入、智能优化、客户分析、自助推广等解决方案。其可帮助开发者将广告植入不同的广告平台，提高广告普及比率，从而实现广告收益的最大化。AdView移动广告优化平台如图4-29所示。

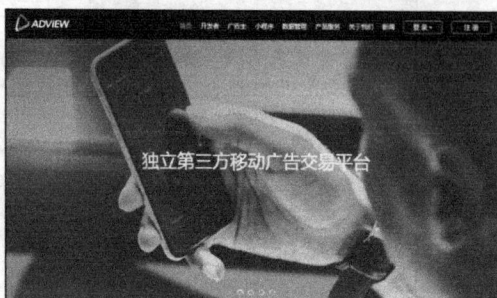

图4-29 AdView移动广告优化平台

有精准客户定位的移动广告的点击单价更高，AdView的移动广告智能优化系统可以帮助开发者在应用中优先播放与客户特性最匹配的广告。精准定位投放能提高客户对广告的认可度和兴趣，提升客户的使用体验，有效地提高点击率，提高开发者的移动广告收入。

### 3. 阿里妈妈

阿里妈妈依托集团核心的商业数据和超级媒体矩阵，为客户提供全链路的客户运营解决方案，让商业营销更简单高效。阿里妈妈和阿里巴巴的B2B系统类似，是一个广告位供需双方的沟通平台。各网站把自己的广告位列出来，广告主来选择合适的广告位，即把广告位作为一种商品，明码标价，各取所需。如果你拥有一个网站或者博客，并且有管理的权限，你就可以在阿里妈妈出卖广告位。如果你是一个广告主，你也可以在阿里妈妈挑选适合你的广告位。

## ▼ 任务实训 ● ● ●

**实训目标：**

掌握利用微信开展营销的方法，通过具体的任务实训来加深对本章知识的理解和认识。

**实训练习：**

假如你是个销售女装的商家，通过微信朋友圈、微信群、微信公众号营销推广自己的产品，进行以下实训。

**实训内容：**

（1）利用朋友圈营销。利用朋友圈建立关系的技巧、内容编辑的技巧、朋友圈分享推送的技巧等进行营销。

（2）利用社群营销。建立一个社群，定时抛出热点类话题和干货文章，面向群成员有奖征集宣传文案，除了组织线上的活动，也要组织线下的活动。

（3）利用微信公众号营销。以客户的需求为出发点推送公众号文章，在线下利用二维码做好微信公众号的推广，善用微信中的数据分析工具。

## 思考与练习

1．什么是移动营销，移动营销的关键要素有哪些？

2．微信营销的优势有哪些？

3．在朋友圈营销需要掌握哪些技巧？

4．微信公众号的营销技巧有哪些？

5．二维码的移动营销应用主要有哪几个方面？

6．短视频营销的优势是什么，短视频营销的技巧有哪些？

# 第5章

# 手机淘宝店铺的运营与管理

## 学习目标

- 了解手机淘宝
- 掌握如何发布商品
- 掌握物流管理的方法
- 掌握淘宝助理的使用方法
- 掌握手机淘宝店铺装修的方法
- 掌握做好手机淘宝营销的方法

## 引导案例

### 用手机淘宝开店的优势

随着时代不断地发展，智能手机的普及率也不断提高，如今基本上每个人都有一部智能手机。因为智能手机携带方便，所以人们开始偏向于用智能手机购物。通过手机淘宝，买家可以随时随地在智能手机上完成搜索、浏览商品，以及支付购买、查看物流等操作。

手机的技术门槛比计算机的技术门槛更低，是互联网向农村地区、低收入群体渗透的重要途径。在智能手机上网普及的过程中，运营商的推动作用持续存在。运营商通过网络套餐和4G或5G号码进行推广宣传活动，促进智能手机用户向手机网民用户转变。

据了解，手机淘宝的成交转化率要比 PC 端的成交转化率高很多。用手机淘宝开店有以下优势。

第一，客户浏览商品时，看见喜欢的商品几乎很少议价，下订单的概率大。

第二，客户用手机购买商品不受空间、时间的限制。客户在火车上、公交车上，甚至走在路上突然想买一个东西，就可以掏出智能手机下订单。

随着移动电商行业的快速发展，越来越多的商家在手机淘宝开店。想在手机淘宝开店的商家，不但要了解商品发布管理、物流管理、使用淘宝助理的方法，而且要掌握手机淘宝店铺装修、营销的方法。

**课堂讨论**

1. 想在手机淘宝开店创业，应从何处着手？
2. 怎样在手机淘宝开设店铺，怎样管理淘宝店铺？

随着移动网络的发展，智能手机的普及率已经非常高，越来越多的人喜欢用手机上网。如今的电商除了争夺 PC 端的客户，也开始争夺手机端的客户。商机无处不在，要想在未来的经营中占领市场，利用手机淘宝也是一个不错的选择。

# 5.1 手机淘宝概述

淘宝网是在我国深受欢迎的网络购物平台，也是世界范围内的超大型电子商务交易平台之一。自 2003 年 5 月 10 日成立以来，淘宝网基于诚信为本的准则，从零做起，用短短半年的时间，迅速占领了国内个人交易市场，创造了互联网企业的一个发展奇迹，真正成为备受欢迎的网络创业平台。

手机淘宝是阿里巴巴专为手机端客户推出的满足其生活消费和线上购物需求的软件，具有查看附近的生活优惠信息、商品搜索、浏览、购买、支付、收藏、物流查询、在线沟通等在线功能，是方便快捷的生活消费入口。图 5-1 所示为手机淘宝首页。

手机淘宝依托淘宝网强大的自身优势，集团

图 5-1　手机淘宝首页

购产品聚划算、淘宝商城为一体，提供给客户每日最新的购物信息。手机淘宝具有搜索比价、订单查询、购买、收藏、管理、导航等功能，能为客户带来方便快捷的手机购物新体验。

# 5.2 商品的发布

在淘宝开设店铺后，就可以发布商品了，毕竟店铺中有了商品才可以开张。在发布商品前应准备好高质量的商品图片和写好宝贝描述。

### 5.2.1 准备高质量的商品图片

高质量的商品图片在网络营销中起着至关重要的作用：不但可以增大商品被搜索到的概率，而且会促进客户做出购买决策。什么样的商品图片才算得上是高质量的商品图片呢？高质量的商品图片应该能反映商品的类别、款式、颜色、材质等基本信息。在这个基础上，商品图片要清晰、主题要突出且颜色要准确。图5-2所示为清晰的商品图片。

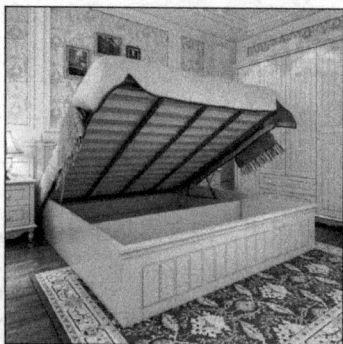

图 5-2 清晰的商品图片

**课堂讨论**

什么样的商品图片才是好的商品图片？

要想把一件商品真实、清晰地呈现在客户面前，让客户从整体到细节对商品有深层次的了解，从而产生购买欲望，就要提供商品的整体图和细节图。

#### 1. 整体图

通过整体图，客户可以对商品有一个大致的了解。特别是服装类商品，可以先用一些**整体图**向客户展现穿着的整体效果，包括正面、侧面、背面的效果。只有从整体上给客户留下很好的印象，才会使他们做出购买行动。图 5-3 所示为商品的整体效果图。

图 5-3　商品的整体效果图

（1）在拍摄图片时，适当添加背景可以更好地展示商品。但注意图片的背景要尽量简单，以便客户一眼就能看出这是什么商品。图 5-4 所示为适当添加背景的商品图片。

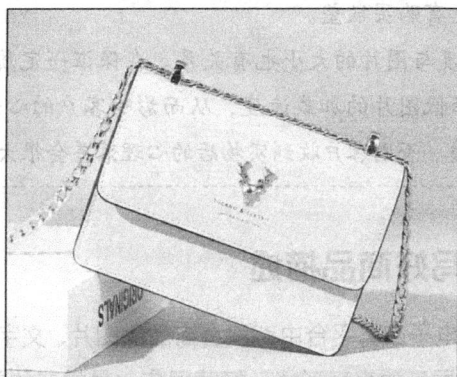

图 5-4　适当添加背景的商品图片

（2）商品图的配件就是用于点缀衬托商品的小物品，其在图中所占的版面不能太大，以免喧宾夺主。

（3）如果经营的是服装，建议有条件的卖家使用真人模特。客户可能对服装的上身效果不清楚，不知道合适不合适，如果有真人示范，就等于让客户吃了定心丸。

（4）如果店铺有一定的规模，或者有自己的工厂和仓库，或者有良好的办公环境，则可以用 1~2 张图片对比进行展示，客户看到图片后，就会增加对店铺的信任感。

### 2. 细节图

整体图只是帮助客户从宏观上对商品进行了解，如果不能使客户从细节上对商品进行了解，客户即使有购买意向也可能会放弃购买。因此，适当加入 1~2 张商品细节图有助于客户更全面地了解商品。图 5-5 所示为商品细节图。

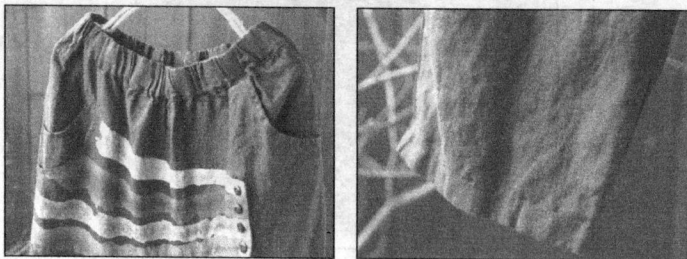

图 5-5　商品细节图

**知识链接**

1. 图片本身要清晰，画面主体明确，层次分明。有的图片很模糊，让人看不清楚，客户当然没有购买欲望。

2. 图片的清晰度与图片的大小也有关系。在保证一定质量的情况下，图片不要太大，否则会降低图片的加载速度，从而影响客户的心情。

3. 图片不要失真，否则客户收到实物后的心理落差会很大，自然就会不满意。

## ▶▶▶ 5.2.2　写好商品描述

商品描述一般指电子商务平台中对所售商品以图片、文字、视频等各种手段进行展示的表现形式。经营网店，最重要的就是把商品的信息准确地传递给客户。图片传递给客户的只是商品的形状和颜色等信息，而商品的性能、材料、产地、售后服务等信息则要通过文字描述来传递。文字描述应包括吸引人的商品名称和详细的商品描述。

写好商品描述

### 1. 吸引人的商品名称

淘宝网规定商品名称要在 30 个汉字（60 个字符）以内，其中关键字越多，被搜索到的可能性就越大。一般来说，商品名称中的关键字主要有下面几种组合方式。

（1）品牌、型号+商品关键字。

（2）促销信息、特性、形容词+商品关键字。

（3）地域特点+品牌+商品关键字。

（4）店铺名称+品牌、型号+商品关键字。

（5）品牌、型号+促销信息、特性、形容词+商品关键字。

（6）店铺名称+地域特点+商品关键字。

（7）品牌+促销信息、特性、形容词+商品关键字。

（8）信用级别、好评率+店铺名称+促销信息、特性、形容词+商品关键字。

### 2. 详细的商品描述

在网购过程中，影响客户做出购买行为的一个重要因素就是商品描述。其实很多卖家都会花费大量的心思在商品描述上，但效果往往并不好，客户的转化率也不高，究竟是什么原因呢？卖家在填写商品描述信息时，应注意以下几个方面。

（1）向供货商索要详细的商品信息，毕竟商品图片不能反映商品的材料、产地、售后服务、生产厂家、性能等。相对于同类产品的优势和特色信息一定要详细地描述出来，这才是商品的卖点。

（2）商品描述一定要全面概括商品的特点、相关属性，最好包括使用方法和注意事项，为客户提供贴心的服务。

（3）商品描述应该使用文字+图像+表格的形式，这样会显得更直观，从而增加客户购买的可能性。

（4）可以参考同行的皇冠店，看看其商品描述是怎么写的。尤其要重视同行中做得好的网店，借鉴并学习其好的做法。

（5）在商品描述中添加相关推荐商品，如本店热销商品、特价商品等，加大对商品的宣传力度，让客户更多地接触店铺的商品。

（6）在商品描述中要体现服务意识和注意规避纠纷，包括一些客户平时很关心的问题以及对商品的解释等内容。

## ▶▶▶ 5.2.3 发布商品

下面介绍发布商品的方法，具体操作步骤如下。

（1）登录淘宝网，选择页面右上角的"千牛卖家中心"选项，如图 5-6 所示。

发布商品

（2）进入"千牛卖家工作台"页面，选择页面左侧的"宝贝管理"下面的"发布宝贝"选项，如图5-7所示。

图5-6　选择"千牛卖家中心"选项

（3）在打开的网页中，选择要发布商品的类目，然后单击"下一步，完善商品信息"按钮，如图5-8所示。

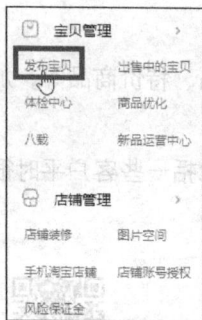

图5-7　选择"发布宝贝"
选项

图5-8　单击"下一步，完善商品信息"按钮

（4）在打开的网页中，根据提示输入要发布商品的宝贝标题、类目属性等基础信息，如图5-9所示。

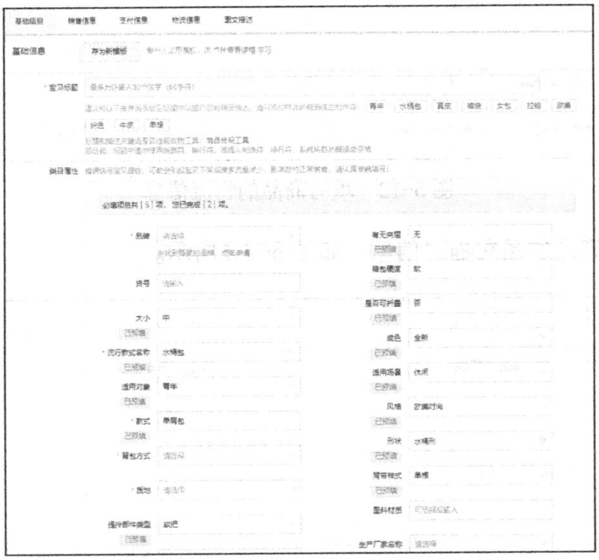

图 5-9　输入商品的基础信息

（5）填写商品的销售信息，如图 5-10 所示。

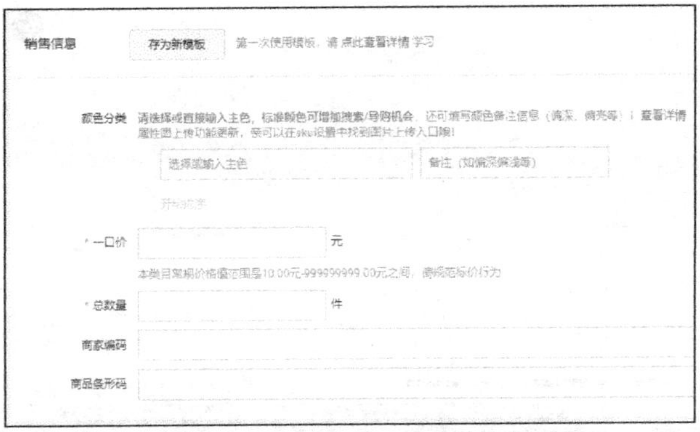

图 5-10　填写商品的销售信息

（6）填写支付信息，如图 5-11 所示。

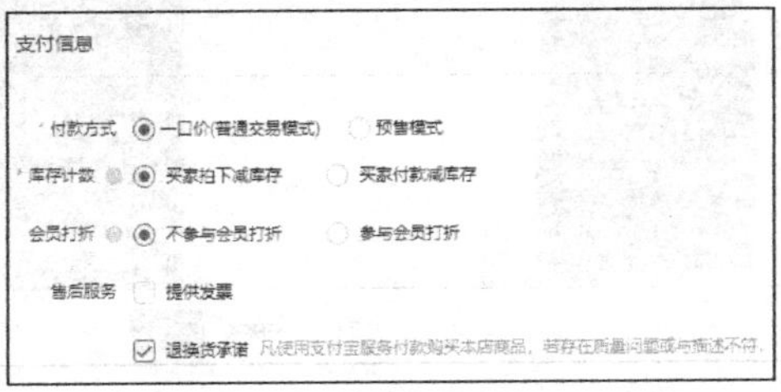

图 5-11　填写支付信息

（7）填写商品的物流信息，如图 5-12 所示。

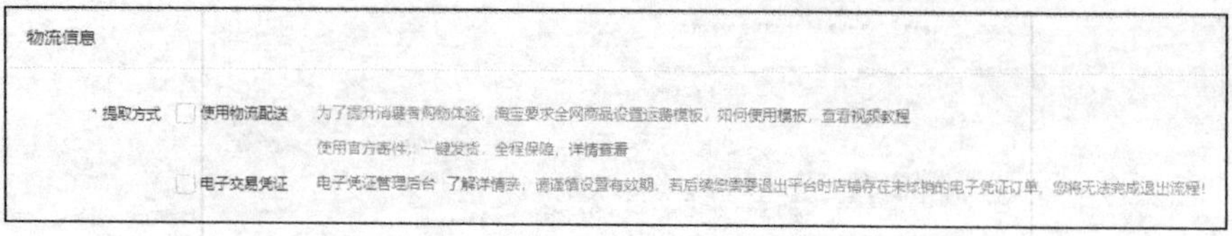

**图 5-12　填写商品的物流信息**

（8）填写商品的图文描述信息，如图 5-13 所示。

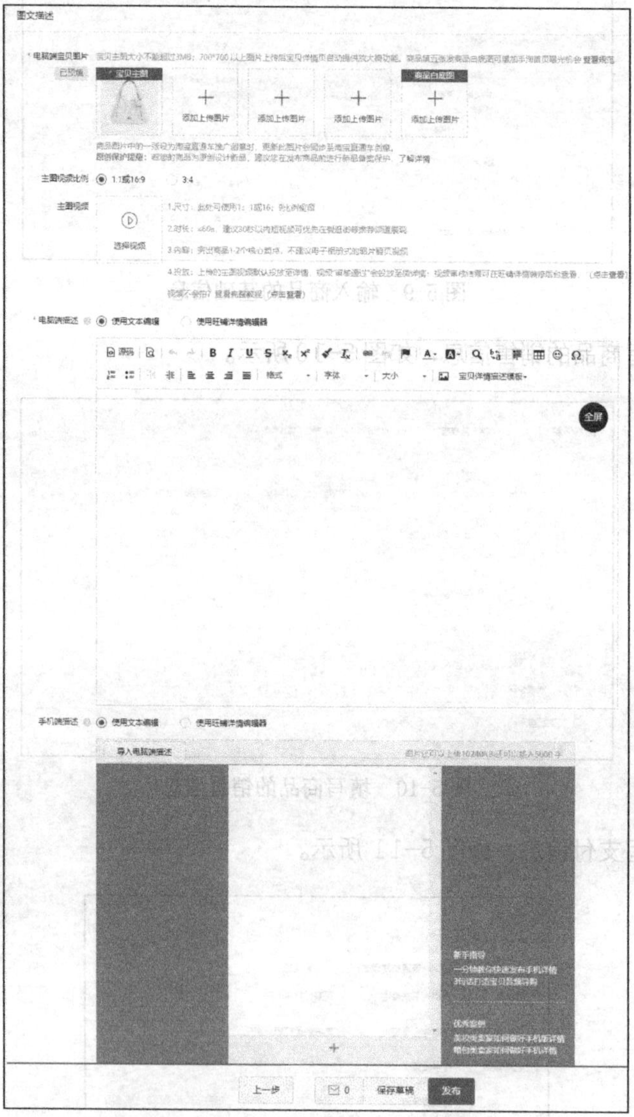

**图 5-13　填写商品的图文描述信息**

（9）单击"发布"按钮，商品发布成功，如图 5-14 所示。

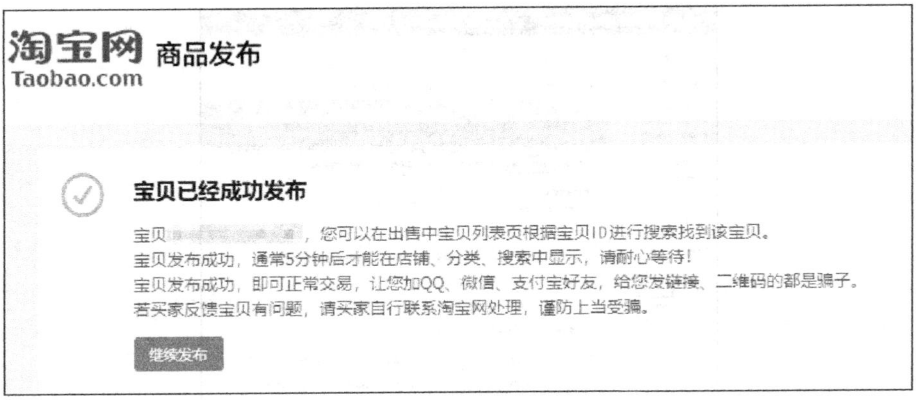

图 5-14　商品发布成功

# 5.3　物流管理

对于网店经营者来说，物流管理是很重要的一个环节。下面介绍物流管理，包括设置运费模板、选择物流发货、物流信息查询等内容。

**课堂讨论**

你接触到的物流快递公司有哪些，你认为哪些物流快递公司比较好？

### ▶▶▶ 5.3.1　设置运费模板

网上开店面向的是全国各地的客户，各地的快递价格有所不同，这就给卖家带来了问题。淘宝的运费模板可以解决这个问题，使用运费模板可以设置不同地区的快递价格，然后应用在商品上，当客户浏览商品页面时，就可以看到商品运送到自己所在地的快递费用。另外，使用运费模板还可以快速地批量更改快递价格，避免一个个地修改商品运费，大量节省了时间和人力。

登录淘宝网，选择"卖家中心"选项，进入卖家中心，选择"物流工具"选项，打开"物流管理"页面，选择"运费模板设置"选项。接下来可以根据提示设置运费模板，如图 5-15 所示。

还可以使用运费计算器查询不同地区的快递价格。如查询从北京市到辽宁省沈阳市的物流价格，如图 5-16 所示。单击"查看"按钮，可以显示不同快递公司从北京市到辽宁省沈阳市的物流价格，如图 5-17 所示。

图 5-15　设置运费模板

图 5-16　查询从北京市到辽宁省沈阳市的物流价格

| 合作物流公司 | 运费(元) | 时效 |
| --- | --- | --- |
| EMS经济快递 | 8.0 | 5 |
| 快捷快递 | 8.0 | 5 |
| 天天快递 | 10.0 | 2 |
| 全峰快递 | 10.0 | 3 |
| 申通快递 | 12.0 | 3 |
| 韵达快递 | 12.0 | 4 |
| 德邦快递 | 12.0 | 3 |
| 国通速递 | 12.0 | 3 |
| 国通快递 | 12.0 | 3 |
| 速尔快递 | 15.0 | 3 |
| 宅急送 | 16.0 | 3 |
| 顺丰速运 | 22.0 | 3 |
| EMS | 26.0 | 3 |

图 5-17　不同快递公司的从北京市到辽宁省沈阳市的物流价格

### ▶▶▶ 5.3.2 选择物流发货

客户付款后，卖家就可以选择物流发货了，具体操作步骤如下。

（1）登录"我的淘宝"，进入"千牛卖家工作台"页面，选择"交易管理"下的"已卖出的宝贝"选项，进入"已卖出的宝贝"页面，然后单击"发货"按钮，如图5-18所示。

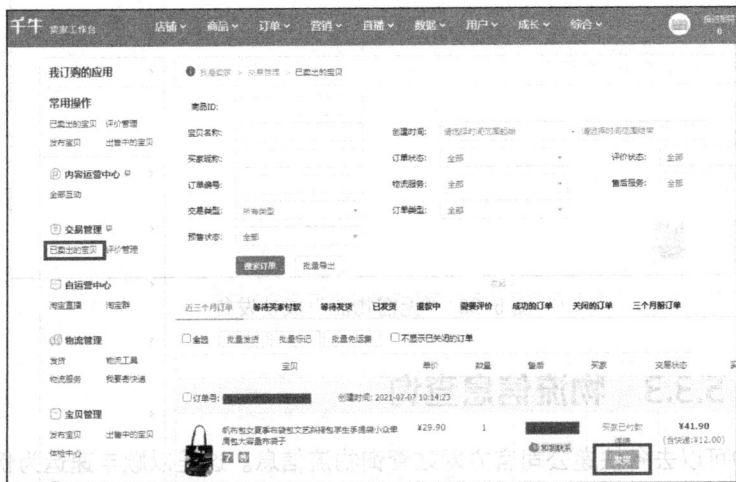

图5-18 "已卖出的宝贝"页面

（2）单击需要发货的商品后面的"发货"按钮，进入"确认收货信息及交易详情"页面，如图5-19所示。确认完毕后，选择想要的物流公司，单击"确定"按钮，即可成功发货。

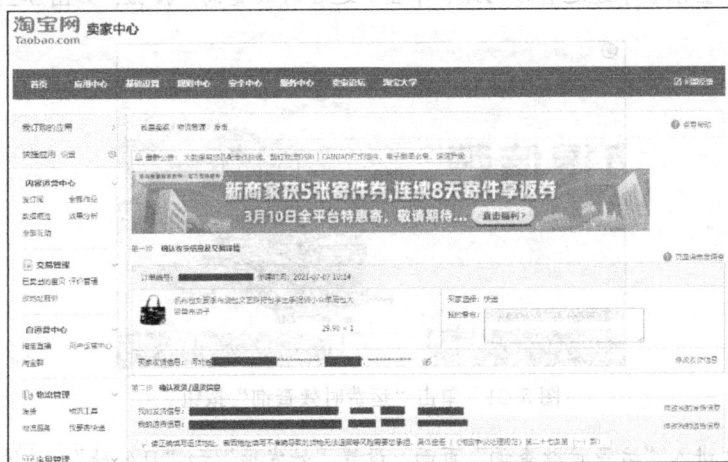

图5-19 "确认收货信息及交易详情"页面

（3）也可以选择"无需物流"，如图5-20所示。

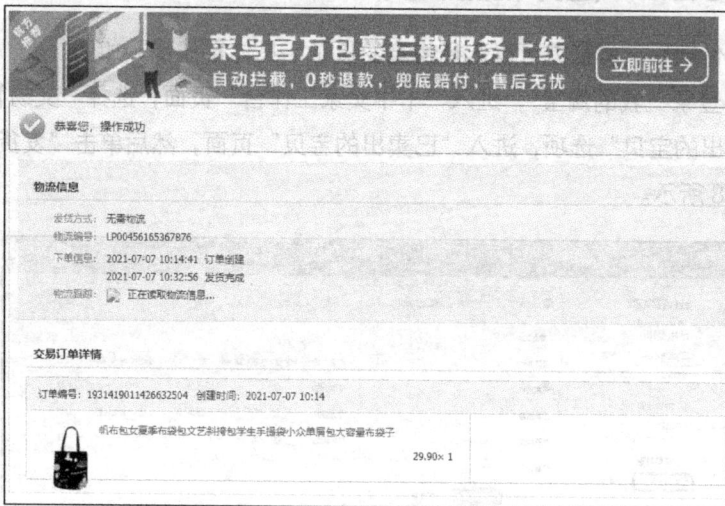

图5-20 "无需物流"成功发货

### 5.3.3 物流信息查询

客户可以去各快递公司官方网站查询物流信息。这里以顺丰速运为例，具体的操作步骤如下。

**课堂实践**

**顺丰速运物流信息查询**

（1）登录顺丰速运官方网站，单击"运费时效查询"按钮，如图5-21所示。

图5-21 单击"运费时效查询"按钮

（2）进入"运费时效查询"页面，设置"始发地"和"目的地"，并填写"重量"和"寄件时间"，单击"查询"按钮，如图5-22所示。

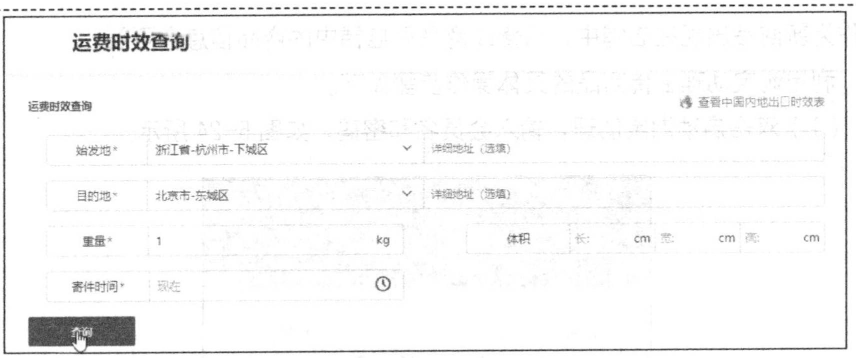

图 5-22 "运费时效查询"页面

（3）进入查询结果页面。此页面中显示了寄付价和预计时效，如图 5-23 所示。

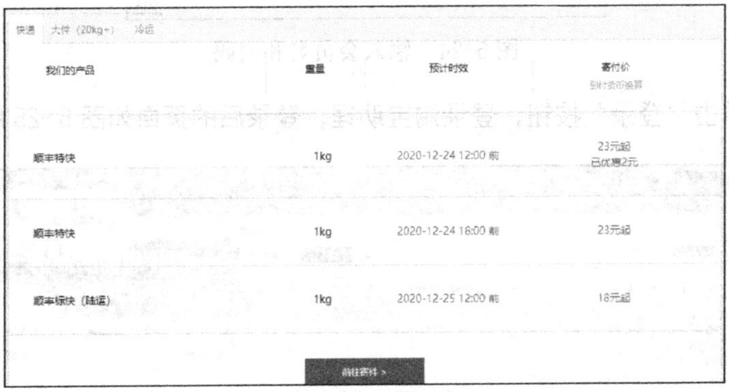

图 5-23 查询结果页面

# 5.4 淘宝助理的使用

淘宝助理是一个功能强大的客户端工具软件，它可用于编辑商品信息，快捷地批量上传商品，并提供方便的管理界面。下面介绍通过淘宝助理上传商品和管理商品的方法，包括上传商品、批量编辑商品信息、导出商品备份文件等内容。

## ▶▶▶ 5.4.1 上传商品

通过淘宝助理上传商品的操作很简单，创建、编辑完商品后，可以一次性地将它们全都上传到淘宝网站上，新建的商品

上传商品

将作为新商品出现在店铺中，而修改商品后店铺中的商品信息会更新。

利用淘宝助理上传商品的具体操作步骤如下。

（1）双击启动淘宝助理，输入会员名和密码，如图 5-24 所示。

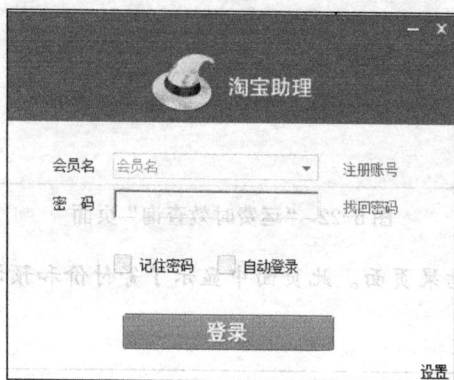

图 5-24　输入会员名和密码

（2）单击"登录"按钮，登录淘宝助理，登录后的页面如图 5-25 所示。

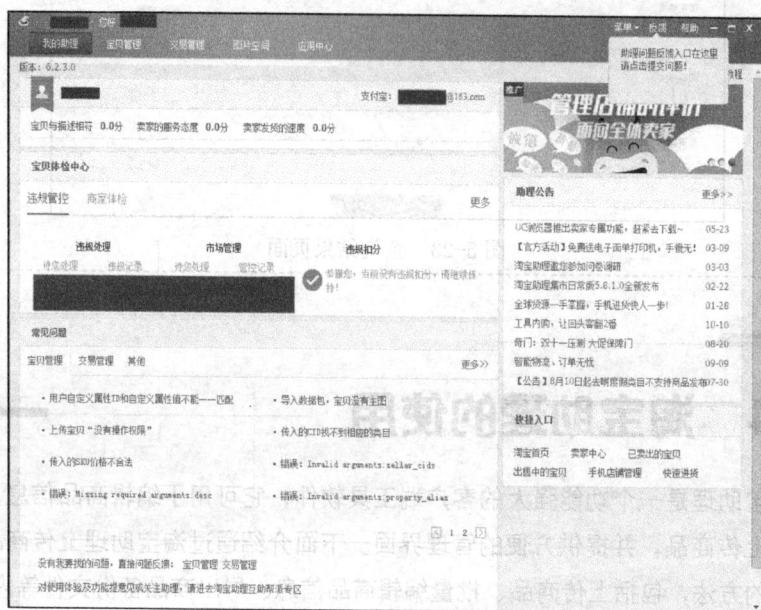

图 5-25　登录后的页面

（3）选择导航菜单中的"宝贝管理"选项，打开"宝贝管理"页面，如图 5-26 所示。

（4）单击"创建宝贝"按钮，打开"创建宝贝"页面，在该页面填写基本信息。"创建宝贝"页面如图 5-27 所示。

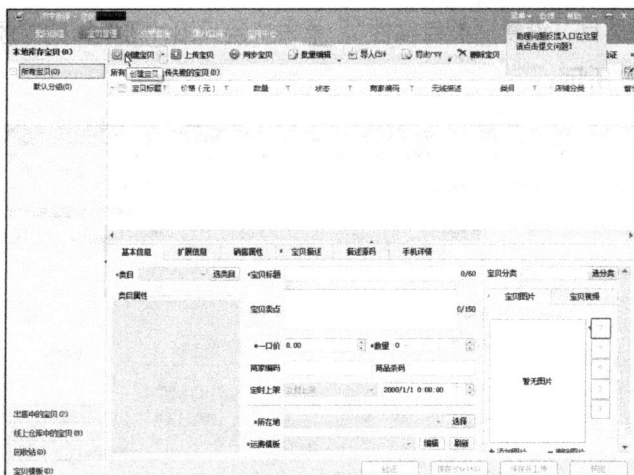

图 5-26 "宝贝管理"页面

图 5-27 "创建宝贝"页面

（5）单击"选类目"按钮，打开"选择类目"对话框，选择合适的类目后，单击"确定"按钮，如图 5-28 所示。

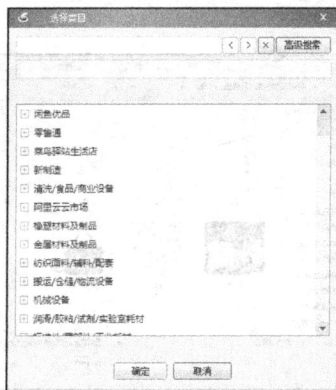

图 5-28 选择类目

（6）添加类目，设置"类目属性"，单击"宝贝图片"下面的"添加图片"按钮，如图 5-29 所示。

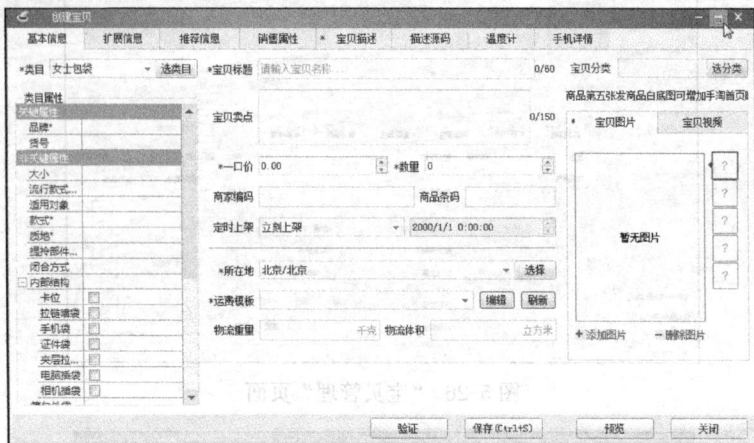

图 5-29　设置"类目属性"

（7）打开"选择图片"对话框，单击"选择要上传的图片"按钮，如图 5-30 所示。

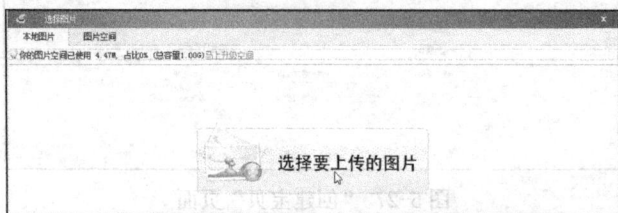

图 5-30　"选择图片"对话框

（8）打开"选择图片"对话框，选择所需的图片文件，单击"打开"按钮，如图 5-31 所示。

图 5-31　选择所需的图片文件

（9）选择好需要的图片后，单击底部的"插入"按钮，如图5-32所示。

图5-32　添加图片文件

（10）完成添加图片后，进入"创建宝贝"页面，如图5-33所示。

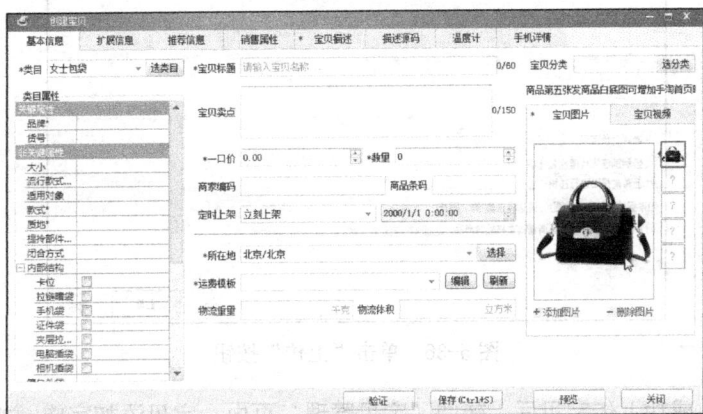

图5-33　添加图片

（11）单击"创建宝贝"页面中的"宝贝描述"导航按钮，输入商品描述信息，完成后单击"保存"按钮，如图5-34所示。

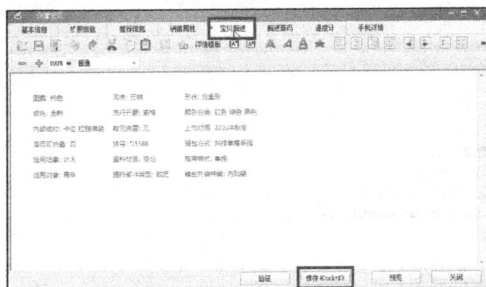

图5-34　输入商品描述

（12）单击"销售属性"导航按钮，选择色系并设置其属性，如图 5-35 所示。

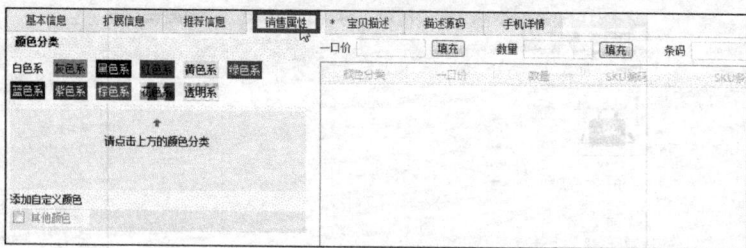

图 5-35　设置销售属性

（13）打开"上传宝贝"对话框，单击"上传"按钮就可上传宝贝，如图 5-36 所示。

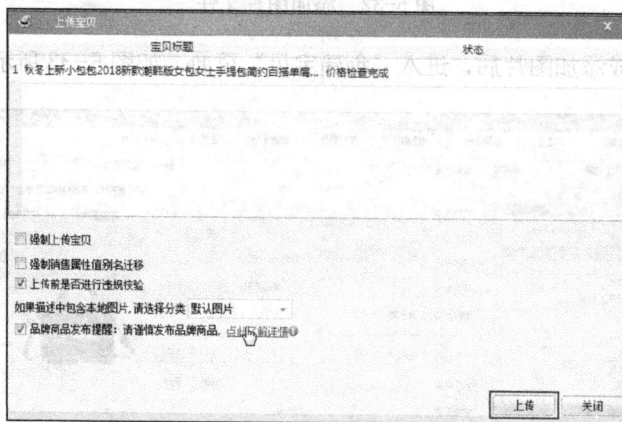

图 5-36　单击"上传"按钮

（14）成功上传宝贝后，转回"宝贝管理"页面，宝贝添加完成，如图 5-37 和图 5-38 所示。

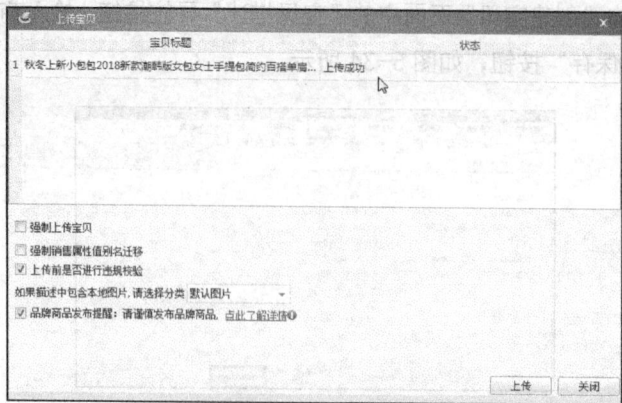

图 5-37　上传宝贝

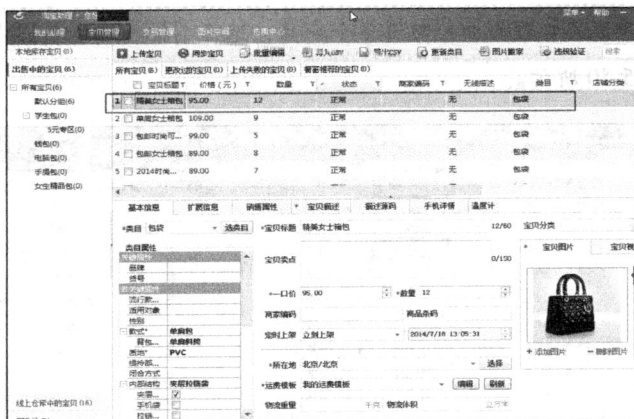

图 5-38　宝贝添加完成

## ▶▶▶ 5.4.2　批量编辑商品信息

淘宝助理可用于批量编辑商品信息，如商品描述、类目、属性等，为卖家节省宝贵的时间。例如，批量修改 100 件商品的标题，为这些标题增加相同的前缀，或者替换这些标题中的特定文字，修改后批量上传；批量打印快递单、发货单，还可以自定义打印模板；批量发货、批量好评等。

### 📖 课堂实践

**批量修改商品信息**

使用淘宝助理批量修改商品信息，具体操作步骤如下。

（1）登录淘宝助理，选择导航菜单中的"宝贝管理"选项，打开"宝贝管理"页面，选择"出售中的宝贝"选项，如图 5-39 所示。

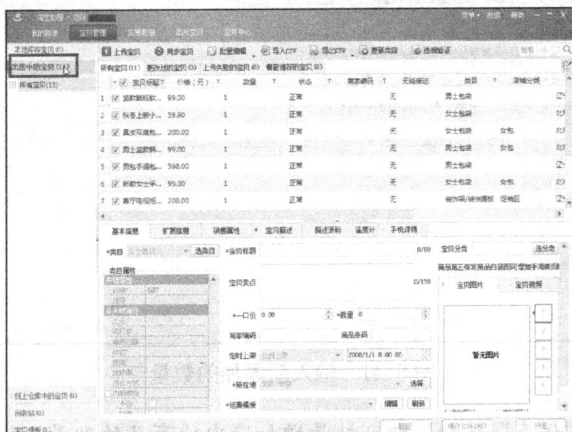

图 5-39　选择"出售中的宝贝"选项

（2）打开商品管理页面，勾选多个商品，选择"批量编辑"｜"宝贝数量"选项，如图5-40所示。

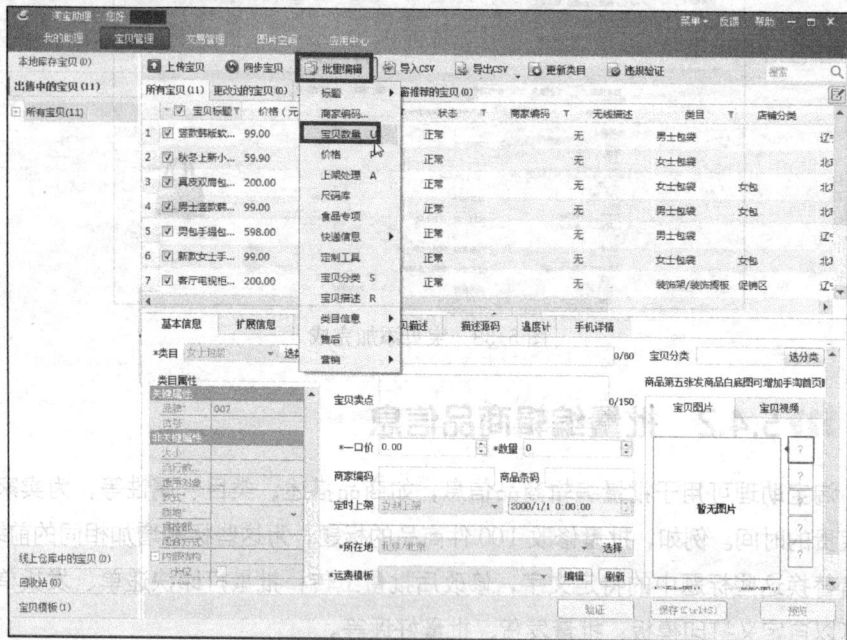

图 5-40　选择"批量编辑"｜"宝贝数量"选项

（3）打开"宝贝数量"对话框，在"新的数量"文本框中输入新添加的数量，如图5-41所示。

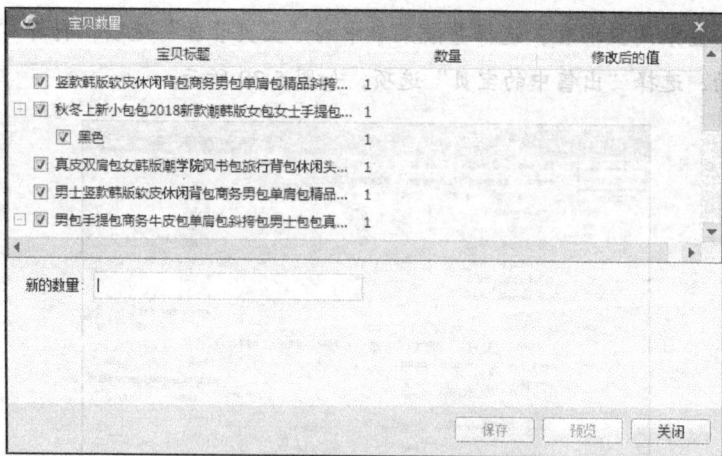

图 5-41　输入新添加的数量

（4）单击"保存"按钮，即可批量增加选中的商品的数量，如图5-42所示。

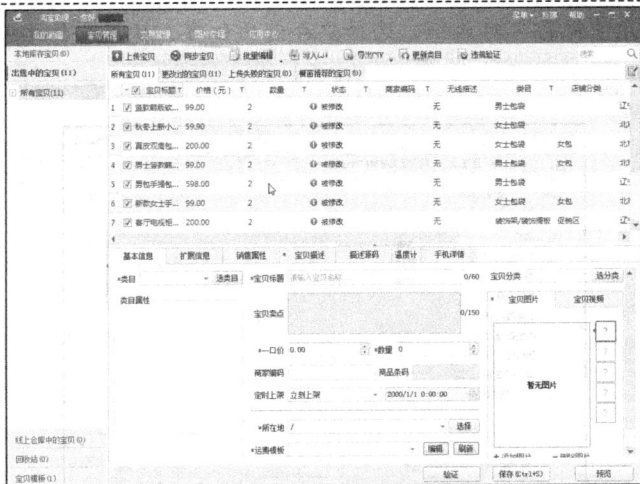

图 5-42　完成批量增加数量

### ▶▶▶ 5.4.3　导出商品备份文件

为了保护商品数据在发生意外时不丢失,卖家可以用淘宝助理将商品数据导出到一个备份文件中,并保存起来;还可以将商品数据批量导出成标准的 CSV 文件,这样,可以使用 Excel 或者其他工具对其进行编辑。导出 CSV 文件的具体操作步骤如下。

#### 🔍 课堂实践

#### 导出 CSV 文件

(1)登录淘宝助理,选择导航菜单中的"宝贝管理"选项,打开商品管理页面。勾选商品,选择"导出 CSV"|"导出勾选宝贝"选项,如图 5-43 所示。

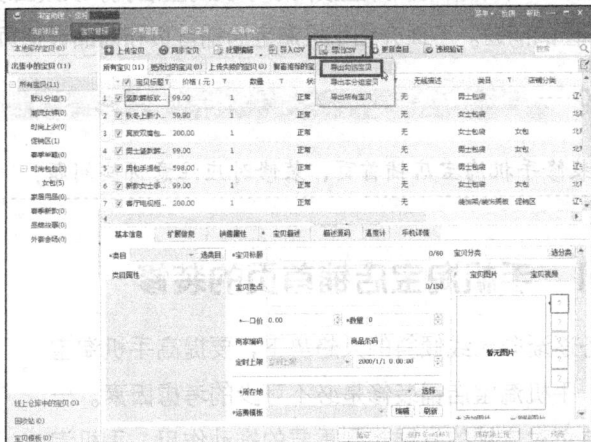

图 5-43　选择"导出 CSV"|"导出勾选宝贝"选项

（2）打开"保存"对话框，选择要存储的位置，输入文件名，如图 5-44 所示。

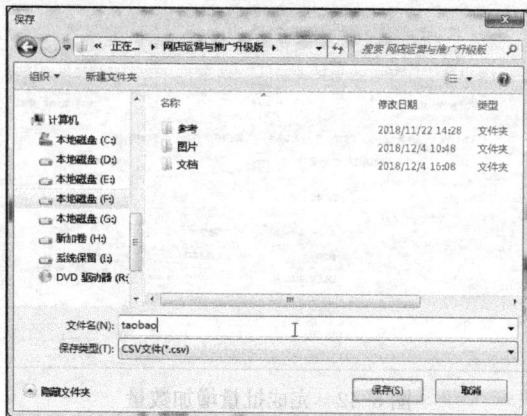

图 5-44 "保存"对话框

（3）单击"保存"按钮，即可成功导出 CSV 文件，如图 5-45 所示。

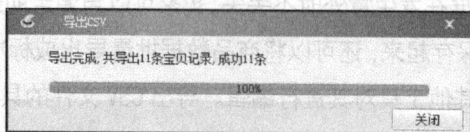

图 5-45 成功导出 CSV 文件

# 5.5 手机淘宝店铺装修

很多卖家会把 PC 端店铺的图片直接用于手机淘宝店铺，以致出现尺寸不符、效果不好、体验不佳的问题。下面介绍手机淘宝店铺首页和商品详情页的装修方法。

**课堂讨论**

为什么要装修手机淘宝店铺首页，装修时应注意哪些问题？

## 5.5.1 手机淘宝店铺首页的装修

在淘宝业务逐渐向无线倾斜的大趋势下，要提高手机淘宝店铺的成交率，手机淘宝店铺装修是必不可少的考虑因素。一个合理的店铺首页对店铺的发展起到重要的推动作用。手机淘

手机淘宝店铺
首页的装修

宝店铺首页装修的具体操作步骤如下。

（1）登录淘宝网，选择页面右上角的"千牛卖家中心"选项，如图5-46所示。

图5-46　选择"千牛卖家中心"选项

（2）进入"千牛卖家工作台"页面，选择左侧"店铺管理"下面的"手机淘宝店铺"选项，如图5-47所示。

（3）选择"无线店铺"下的"立即装修"选项，如图5-48所示。

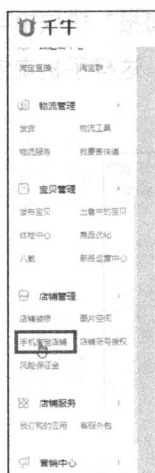

图5-47　选择"手机淘宝店铺"选项　　　图5-48　选择"立即装修"选项

（4）进入无线运营中心，选择"手淘首页"选项，选择"默认首页"后的"装修页面"选项，如图5-49所示。

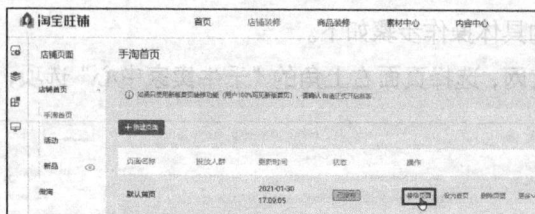

图 5-49　选择"装修页面"选项

（5）打开"页面容器"页面，如图 5-50 所示。

图 5-50　"页面容器"页面

（6）在页面左侧选择想要添加的模块，将其拖曳到中间的编辑区。在这里拖曳的是"图文类"中的"轮播图海报"，在右侧的"轮播图海报"模块中可以设置相关信息等，设置完后单击"保存"按钮，如图 5-51 所示。这样手机淘宝店铺首页的装修就完成了。

图 5-51　设置"轮播图海报"

## ▶▶▶ 5.5.2 手机淘宝店铺商品详情页的装修

商品详情页是展示商品详细信息的一个页面，承载着大部分流量。因此商品详情页的设计是电商产品设计的核心，其会影响转化率。装修手机淘宝店铺商品详情页的具体操作步骤如下。

（1）登录淘宝网站，选择页面右上角的"千牛卖家中心"选项，进入"千牛卖家工作台"页面，单击左侧"店铺管理"下面的"手机淘宝店铺"选项。在"无线店铺"下面选择"立即装修"选项，如图5-52所示。

图5-52　选择"立即装修"选项

（2）进入无线运营中心，选择"手淘首页"选项，选择顶部的"商品装修"选项，如图5-53所示。

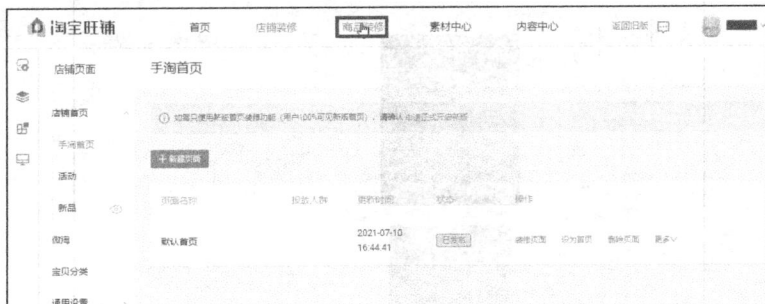

图5-53　选择顶部的"商品装修"选项

（3）打开"宝贝详情"页面，选择任意商品的"装修详情"选项，如图5-54所示。

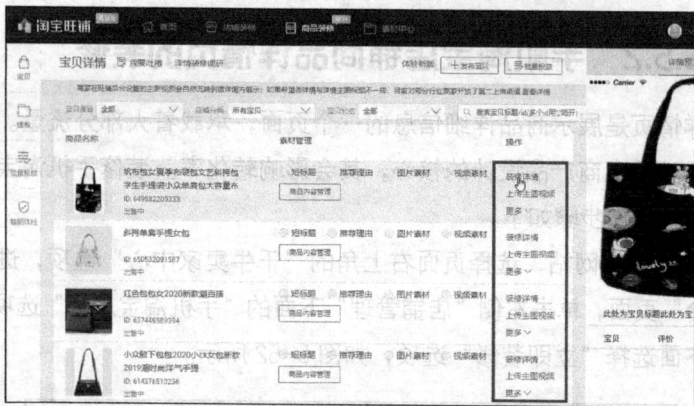

图 5-54  选择"装修详情"选项

（4）选择"基础模块"选项，打开图 5-55 所示的基础模块页面。

图 5-55  基础模块页面

（5）可以在基础模块中添加图片、文字、视频和动图等，如图 5-56 所示。

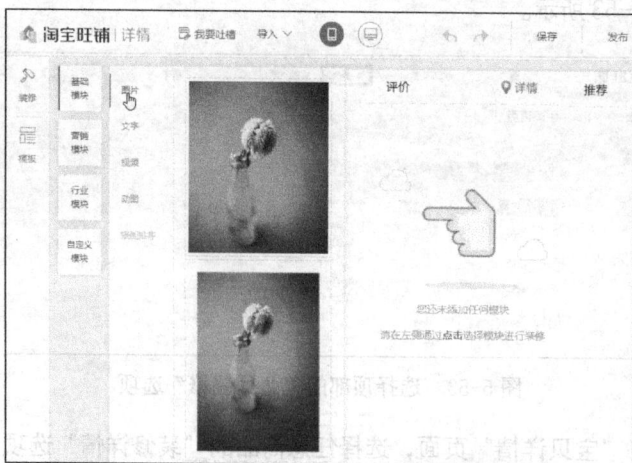

图 5-56  添加图片、文字、视频和动图等

（6）选择"营销模块"选项，可以在营销模块中添加店铺推荐、店铺活动、优惠券和群聊等，如图 5-57 所示。

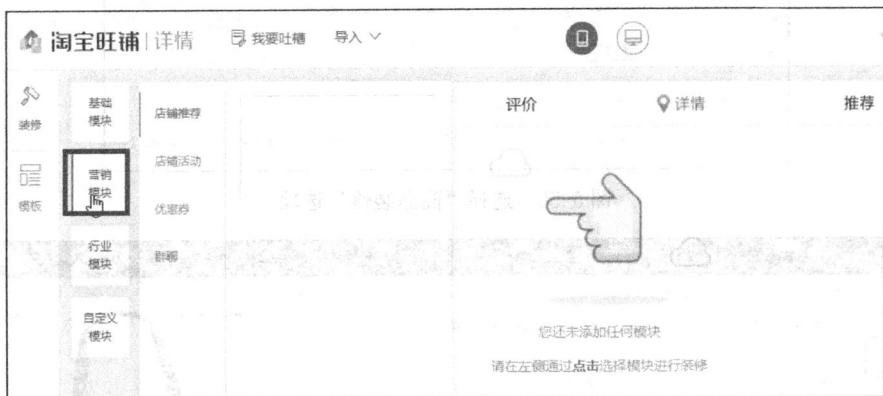

图 5-57　添加店铺推荐、店铺活动、优惠券、群聊等

**知识链接**

　　PC 端店铺的商品详情页设计思路是希望把商品的各个方面展示出来，介绍得越详细、越清晰越好，所以商品详情页普遍都是比较长的，且介绍比较全面。

　　由于手机端的页面屏数受限，商品详情页的内容就应精简。如只展示商品最有力的卖点、商品属性（尺码和材质）、模特图、细节图等必要元素，图片中商品细节的文案也应该尽量压缩。

### ▶▶▶ 5.5.3　购买无线端装修模板

　　随着手机淘宝店铺装修模板的全面上线，淘宝网为卖家提供了更多个性化的无线店铺装修模板，在帮助卖家提高网店销量的同时，也优化了客户的浏览体验。当卖家购买了模板后，可自由使用所购买的模板。购买无线端装修模板的具体操作步骤如下。

　　（1）进入手机淘宝首页，选择顶部的"商品装修"选项，如图 5-58 所示。

　　（2）打开"宝贝详情"页面，选择左侧的"模板"选项，如图 5-59 所示。

　　（3）打开"模板"页面，默认的是官方模板，选择相应的装修模板，将鼠标指针放置在模板上，单击"预览"按钮，如图 5-60 所示。

　　（4）预览模板，如图 5-61 所示。

图 5-58　选择"商品装修"选项

图 5-59　选择"模板"选项

图 5-60　单击"预览"按钮

（5）返回上一页面，将鼠标指针放置在想要添加的模板上，单击"使用"按钮，如图 5-62 所示。

图 5-61　预览模板

图 5-62　单击"使用"按钮

（6）打开"商品"对话框，选择相应的商品，单击"确定"按钮即可，如图 5-63 所示。

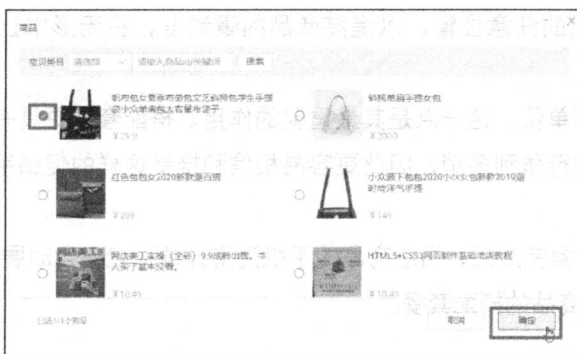

图 5-63　"商品"对话框

# 5.6 做好手机淘宝营销

在人们习惯使用手机购物的时代，如何抓住手机淘宝营销这个契机提高网店的销量，无疑是每个卖家都在思考的事情。下面介绍手机淘宝营销的方法，包括搭配套餐、超级推荐、发微淘、参加活动等。

**课堂讨论**

应该怎样做好手机淘宝营销呢？

## 5.6.1 搭配套餐

搭配套餐是将几种商品组合设置成套餐来销售，通过套餐促销让客户一次性购买更多的商品。这种营销手段在很大程度上提高了卖家促销的自主性，同时也为客户提供了更多的便利和选择。

那么，搭配套餐能带来什么好处呢？

（1）增加好评。一个客户买一件满意的商品，卖家只能收到一个好评；但如果是搭配套餐出售，在给予客户更多优惠的情况下，卖家至少能收获两个好评。

（2）节省运费。快递公司都是以商品重量在 1 千克以内来算起步价的。卖小件商品的商家如果一件一件发货，会产生很多运费，因为都要按起步价来付费。但如果是搭配套餐出售，一次发货只要不超过 1 千克，就会按起步价来算，这样可以节省运费。

（3）增加商品的曝光度。这一点是其主要作用。卖家可以将搭配套餐的模板代码复制到店铺的任意位置，以提高商品的曝光度，在无形中让客户记住了此套餐。

（4）提高客单价。这一点是其最重要的作用。搭配套餐更具有真实性，客户会认为卖家在进行薄利多销，因此更容易相信和接受这样的促销手段，客单价自然就提高了。

搭配套餐设置完成后，相应商品的手机淘宝详情页就会自动展示其搭配套餐，图 5-64 所示为商品的搭配套餐。

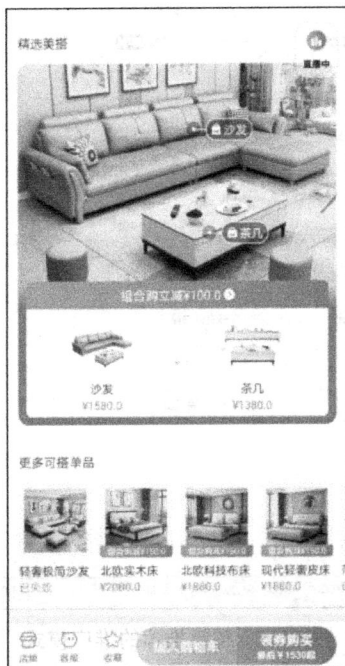

图 5-64 商品的搭配套餐

## ▶▶▶ 5.6.2 超级推荐

淘宝的超级推荐是一个非常好的推广工具，是典型的面向推荐场景的营销产品。对于卖家来说，超级推荐是获取流量的渠道，可以增加产品曝光的机会。淘宝的超级推荐基于阿里巴巴大数据推荐算法，赋能全方位定向体系，从商品、店铺、类目、内容、粉丝等多维度帮助卖家精准找到潜在客户。其推广模式也非常多，是目前淘宝里面最丰富的。

超级推荐主要有商品推广、图文推广、直播推广、短视频推广等模式，如图5-65所示。

（1）商品推广是以商品为主的推广模式，有猜你喜欢、首页、购物车等优质资源位。

（2）图文推广以图文为主，有专门的投放位置，投放形式也更加丰富，不局限于商品推广，可通过更多的展现方式来吸引客户购买。

建议卖家做图文推广，因为其支持的投放形式更多。通过图文推广，卖家还可以获得更多的引流渠道，得到更多的展现机会，提升营销效果。

（3）直播推广以实时直播为主，推广范围是直播广场、猜你喜欢等优质的资源位。

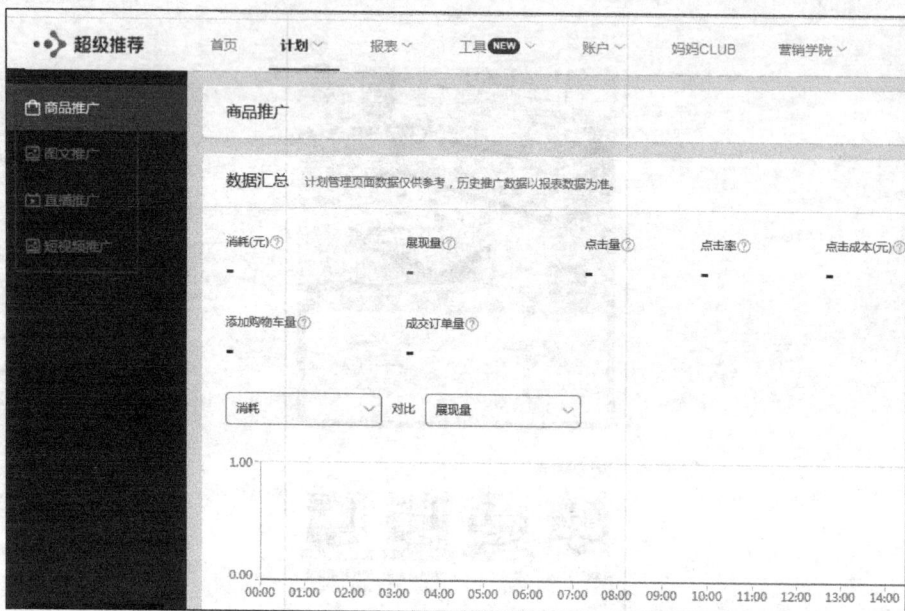

图 5-65　超级推荐的推广模式

（4）短视频推广以短视频为主，短视频是客户非常喜欢的一种营销模式，通过超级推荐来推广短视频是可取的。超级推荐的短视频推广目前已上线的资源位包括首页猜你喜欢、全屏播放页上下切、淘宝逛逛短视频等。

**知识链接**

使用超级推荐做商品推广时，对商品的要求是比较高的。只有适合的商品，才能在超级推荐的带动下快速地为店铺引进流量，从而实现有效转化。一款商品值得推荐，那就说明市场对这款商品的需求度是很高的，如一些高销量的商品，如果使用超级推荐，能快速地被推广给客户，并获得好的转化效果。

### ▶▶▶ 5.6.3　参加活动

淘宝活动可以为卖家带来更多的流量及更好的转化效果，淘宝活动是提高店铺销量很重要的一个营销手段。

怎样吸引更多的流量是许多新店主开店过程中遇到的一大难题。好的活动可以吸引更多的流量。不过这种活动带来的流量通常只是暂时性的，往往活动一结束，流量就会快速回落。

淘宝店铺做活动的时候，为了防止客户的理解产生偏差或者和客户产生纠纷，必然会有一些规则。商家参与官方活动的时候，需要遵循一定的规则，活动对商品也有基本要求。这些统称为活动规则。

淘宝活动很多，参与要求各不相同。若想报名成功，就要透彻地了解报名规则。报名规则的内容主要包括两部分：一是对商家的考核，二是对报名商品的考核。

了解了活动的定义和规则后，要搞清楚活动报名的入口。虽然活动有很多，但活动平台的入口大致可以分为以下两种。

（1）登录淘宝网，选择"卖家中心"选项，进入卖家中心，选择"营销中心"下的"活动报名"选项，如图 5-66 所示，就会出现活动列表，如图 5-67 所示。

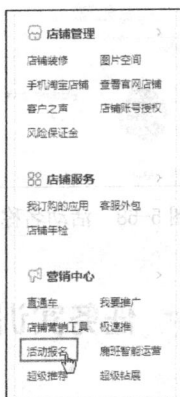

图 5-66 活动报名

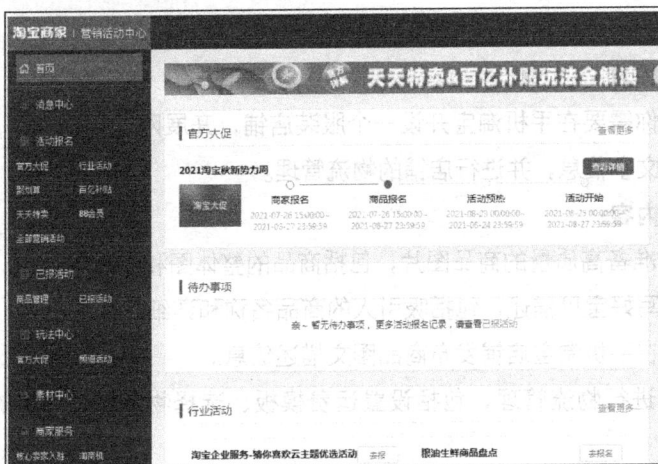

图 5-67 活动列表

（2）或者进入卖家中心，选择"营销中心"下的"我要推广"选项，这里也有很多活动报名机会，如猜你喜欢、快速引流等，如图5-68所示。

图 5-68　活动名称

## 任务实训

**实训目标：**

掌握在手机淘宝开店、发布商品的流程和物流管理方法，通过具体的任务实训来加深对本章知识的理解和认识。

**实训练习：**

假设你需要在手机淘宝开设一个服装店铺，开展网上销售工作，发布商品图片和文字信息，并进行店铺的物流管理。

**实训内容：**

（1）准备高质量的商品图片，包括商品的整体图和细节图。

（2）写好宝贝描述，包括吸引人的商品名称和详细的商品描述。

（3）在手机淘宝店铺发布商品图文描述信息。

（4）进行物流管理，包括设置运费模板、选择物流发货、查询物流信息等。

1．怎样才能写好吸引人的商品名称和详细的商品描述？

2．如何利用淘宝助理上传商品？

3．怎样进行手机淘宝店铺首页装修？

4．购买无线端装修模板具体的操作步骤是怎样的？

5．搭配套餐能带来什么好处？

# 第6章

# 社交移动电商拼多多开店实战

## 学习目标

- 熟悉拼多多开店基础知识
- 掌握在拼多多开设店铺的操作
- 掌握拼多多商家后台管理方法
- 掌握拼多多店铺推广引流方法

## 引导案例

### 外贸从业人员转为在拼多多开网店

　　拼多多自上市以来，凭借百亿补贴计划收获诸多流量，大力发展下沉市场客户，凭借彼时大家都不看好的下沉市场超越许多早已成熟的电商平台。凭借百亿补贴计划，拼多多吸引了众多目标客户，百亿补贴计划的推出，明显提升了部分客户对拼多多的好感和信任度。

　　有着10年外贸出口行业从业经验的小贾，因为一次偶然的机会，意识到拼多多市场的重要性，于是开始在拼多多开网店。刚开始，网店没有信誉，生意并不好。于是，他在拼多多做了一些推广，比如参加9块9特卖活动，为店铺带来一波巨大的流量，特别是在他取消了商品销量门槛之后，店铺获得了更多的流量。9块9特卖活动的定位为物美廉价的小物频道，适合低价位的商品。小贾认为参加9块9特卖活动一定要做好选品，通过对商品的测款，选出最具优势的商品作为店铺的主推商品，这样才能吸引客户，同时带动其他商品的销量。经过半年多的努力，小贾的网店的生意逐渐好了起来。

毫无疑问，拼多多已经从一个电商新秀晋升为电商巨头，越来越多的人在拼多多开网店。

**课堂讨论**

1. 想在拼多多开网店创业，应从何处着手？
2. 怎样在拼多多开设店铺？
3. 怎样推广拼多多店铺？

随着电商的发展，越来越多的人选择电商创业。有的淘宝卖家看到拼多多发展得越来越好，也想在拼多多上开一家店铺。入驻拼多多平台的第一步，也是最基础的工作，就是开店并发布商品，接着就可以进行后台的管理了。

# 6.1　拼多多开店基础知识

下面介绍拼多多开店基础知识，包括拼多多开店客户定位、企业入驻条件和个人入驻条件的区别、拼多多商家类型。

## ▶▶▶ 6.1.1　拼多多开店客户定位

客户定位是指确定哪些客户是店铺的目标客户，只有做好客户定位才能更好地运营店铺。

目前拼多多的客户 70% 为女性，其中 65% 来自三线以下城市，客户年龄主要在25 岁到 35 岁。拼多多客户中女性占比较大，一部分原因是女性客户对低价购物更敏感，另一部分原因是女性客户会更多地负责家庭购物，购物需求更旺盛。

拼多多的客户群体如图 6-1 所示。

图 6-1 列出了拼多多的五类客户群体。圆环中心的"三、四、五线城市青年"是拼多多目前的核心客户，他们对价格更敏感，在购物时往往以价格为导向，对商品品质要求相对较低。而圆环外围的"大学生"虽然也会在意价格，但是他们通常会在对品质要求不高的商品上选择低价，如在拼多多购买一些日用品。对于"一、二线城市'上班族'"，他们在某些方面的需求类似于大学生群体，但是由于他们有较高的独立收入，对生活质量要求也会较高，商品品质是他们比较看重的点。"一、二线城市务工人员"会比较看重价格因素，对商品品质要求不高。对于

"三、四、五线城市中年"群体，他们的成长环境与时代背景导致他们在消费上偏保守，他们需求的关键在于低价、有用。

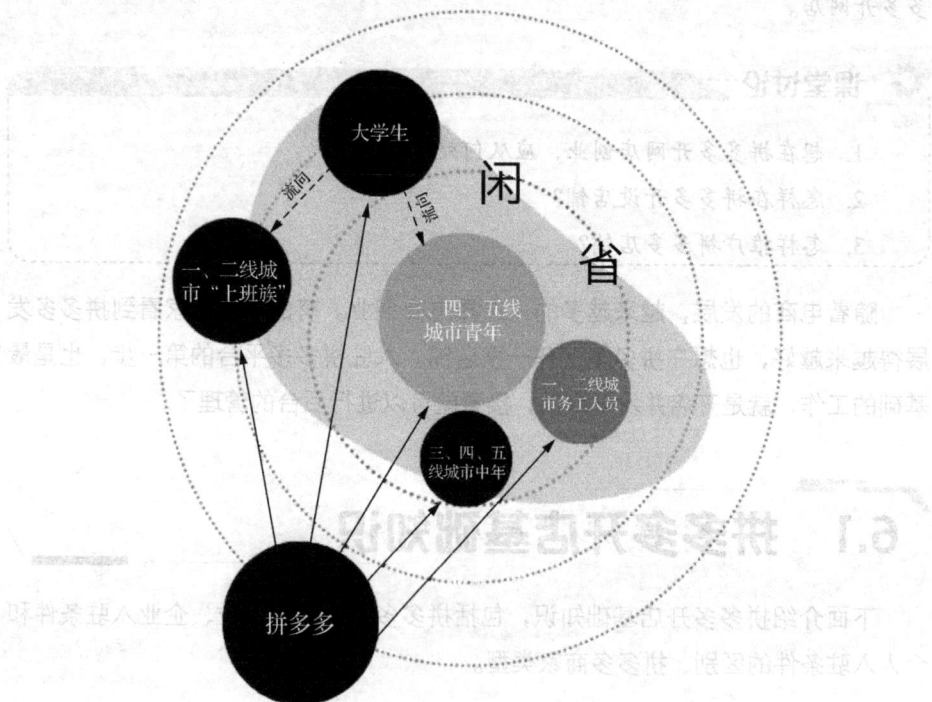

图 6-1  拼多多的客户群体

### ▶▶▶ 6.1.2  企业入驻条件和个人入驻条件的区别

在拼多多平台开店的时候，会有两个选择，一个是个人入驻，另一个是企业入驻。个人店适合个人和个体工商户，个人只要提供个人身份证即可，个体工商户还需要提供个体工商户营业执照；企业店适合企业，企业提供营业执照等资料即可。

💡 **课堂讨论**

个人店和企业店有什么区别，卖家在注册开店时该如何选择呢？

#### 1. 个人店

个人店的开店主体主要为个人和个体工商户，需要提供入驻资质证明和相关证件，如个人身份证、个体工商户营业执照。

### 2. 企业店

企业店的开店主体要提供企业法定代表人的身份证。企业法定代表人的身份证照片的具体要求基本同个人店开店主体的要求，但企业法定代表人的身份证不受国籍限制。除此以外，企业店的开店主体还需要提供一些必要的资质证明文件，具体包括企业营业执照、商标注册证、授权书等。

## ▶▶▶ 6.1.3 拼多多商家类型

拼多多商家按规模划分，主要分为大卖家、中型卖家、小型卖家。下面分别对其进行介绍。

### 1. 大卖家

大卖家是自己能把控货源、自己的风格和定价标准，有完整的团队，有相当不错的销售业绩的商家。

大卖家的主要提升方向在于团队的精细化运营能力，从而让自己获得更高的曝光率，争取更多的竞争资源，做出更多的"爆款"产品。

### 2. 中型卖家

中型卖家是指具备一定的电商基础、供应链和差异化产品打造能力，而且有稳定的新品推广计划的商家。其在店铺的"爆款"策略、测款方法、动销数据、老客户维护，以及店内流量循环等方面都做得比较好，同时学习能力强，能够和拼多多平台共同成长。

中型卖家的主要提升方向在于差异化的产品策略，从而避开与大卖家的直接竞争。因此，中型卖家需要多研究产品款式的布局，通过打造高附加值的产品来提高自己的利润水平，最好能够利用付费流量直接实现盈利。

### 3. 小型卖家

小型卖家是指那些没有供应链实力，主要通过市场拿货的商家。他们的运营能力一般，也没有过多精力研究运营策略。小型卖家缺乏"爆款"打造能力，同时也极少做新品推广计划，因此店铺很少会产生"爆款"产品。

对于小型卖家来说，要实现盈利的挑战则比较大。小型卖家增加盈利的主要方向如下。

（1）做产品定价时不要打单纯的价格战，要预留广告费。

（2）做好店铺风格定位，专注于一个类型的产品和人群。

（3）多上新款，争取获得更大的新品权重，冲击排名。

（4）精准地为客户贴上标签，增加千人千面规则下的流量。

（5）提高产品质量和客户服务水平，积累更多优质的客户资源。

（6）优化或者淘汰销量差的产品，提高店铺动销率。

（7）做好售前、包装和发货等店铺服务，赢得口碑。

# 6.2 在拼多多开网店的优势

拼多多的客户增长速度是非常快的，拼多多之所以能做到这一点，是因为拼多多除了具有能吸引客户的价格外，还具有很多优势，下面具体介绍。

## 1. 重在拼团和实惠多多

拼多多重在拼团和实惠多多，能让更多的客户获得并分享实惠。从拼多多本身的字意来理解，其有"拼"团和实惠"多多"两层意思，即鼓励客户"拼团"分享，享受更多优惠。

进入拼多多的首页，可以看到断码清仓、9块9特卖、多多赚大钱、砍价免费拿等分类功能服务，这些都是为了让客户买到更加便宜的商品，"拼"出更低的价格。拼多多的首页如图6-2所示。

图6-2 拼多多的首页

拼多多的拼团活动使用裂变方式，促使参与者自发传播拼团信息。在限定的时间内，邀请参与拼团的人越多，价格越低。拼团的发起人和参与者可以通过微信转发完成交易。这种促销方法让客户有机会低价甚至免费获得商品，可以激发客户的积极性，让客户自发传播拼团信息。拼单团购如图6-3所示。

图 6-3　拼单团购

### 2. 依靠微信获得巨大的社交流量

跟手机淘宝相比，拼多多的主要优势在于依靠微信获得了巨大的社交流量。同时，拼多多的交易入口非常多，客户可以通过 App、公众号以及小程序等多个渠道进入拼多多购物。

客户在拼多多购物时，可以直接使用微信快速下单支付，还可以通过微信、拼小圈、朋友圈、QQ 好友等分享"拼团"，通过微信分享拼团如图 6-4 所示。这种点对点的触达方式，将客户筛查信息和选择商品的门槛降低了。

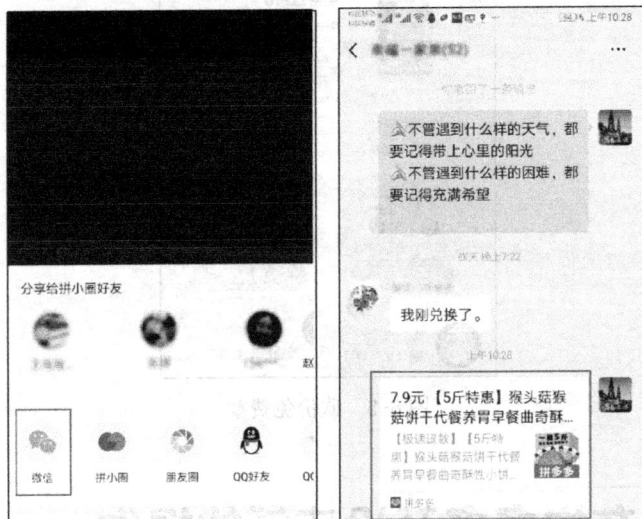

图 6-4　通过微信分享拼团

### 3. 砍价免费拿推广裂变

拼多多的砍价免费拿一度风靡微信，相信很多人都参与过，其规则体现的是允许客户"占便宜"的逻辑。拼多多利用客户"占便宜"的心理，将客户当作店铺的推广资源。客户免费拿到的权益，实际上就是拼多多进行推广的支出。

砍价活动是一种非常实用的裂变营销工具，可以形成较好的传播效果，尤其是将其投放到微信群后，宣传规模将呈指数级增长，引流效果和范围会大幅度扩大。

💡 **课堂讨论**

你在拼多多帮朋友砍过价吗，他最后免费拿到商品了吗？

砍价免费拿需要客户邀请多个朋友进行砍价，在规定时间内找到相应数量的朋友进行砍价，就能免费拿到商品，如图 6-5 所示。助力也是拼多多的一种玩法，通过好友助力就可以享受免单，当然朋友必须是新客户才可以，这也是拼多多实现拉新裂变的关键。

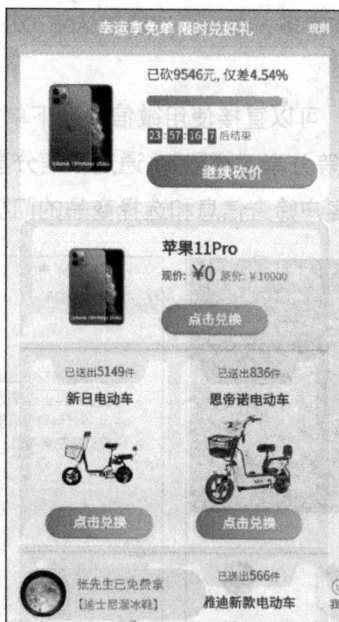

图 6-5　砍价免费拿

# 6.3　在拼多多开设店铺的操作

现在很多商家都选择在拼多多开网店。下面将具体介绍入驻拼多多的基本流程和发布商品的方法。

### ▶▶▶ 6.3.1 入驻拼多多的基本流程

下面介绍入驻拼多多的基本流程，具体操作步骤如下。

> **知识链接**
>
> 如果第一次审核没通过，就根据提示再次办理申请入驻，一般只要符合要求，第一次审核就会通过。

（1）打开拼多多官方网站，选择导航栏中的"商家入驻"选项，如图 6-6 所示。

图6-6　选择"商家入驻"选项

（2）进入拼多多招商首页，选择"入驻流程"选项，可以看到入驻流程的相关提示，单击"立即入驻"按钮，如图 6-7 所示。

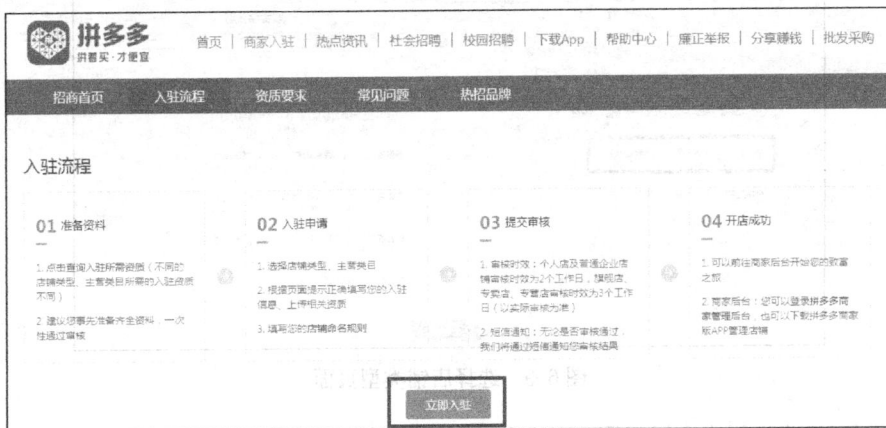

图6-7　选择"入驻流程"选项

（3）单击"立即入驻"按钮后，根据实际情况选择是境内商家入驻，还是境外商家入驻。这里选择境内商家入驻，输入手机号码和短信验证码后单击"0元入驻"按钮，如图6-8所示。

图6-8　输入手机号码和短信验证码

（4）进入选择店铺类型页面，如图6-9所示。店铺类型包括个人店和企业店，其中又包括不同的子类型店铺。这里以个人店为例，选择"个人身份开店（无营业执照）"，然后单击"下一步"按钮。

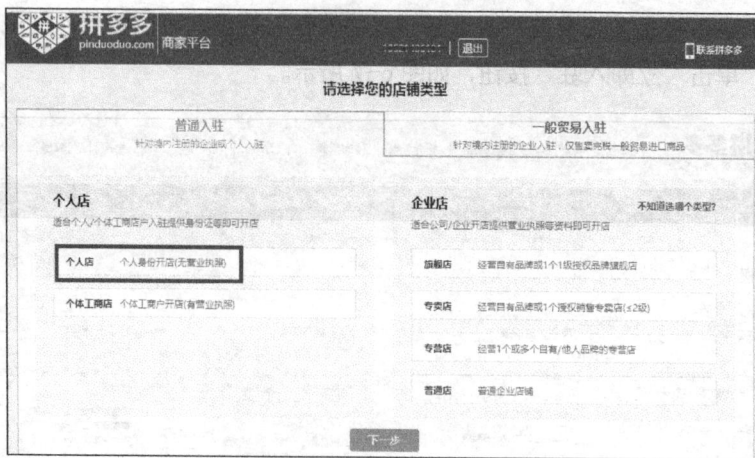

图6-9　选择店铺类型页面

（5）进入创建店铺页面。首先设置店铺信息，包括店铺名称、设置密码、确认密码、主营类目，如图 6-10 所示。接着设置开店人基本信息，需要上传证件，可以通过计算机上传，也可以通过微信上传，如图 6-11 所示。

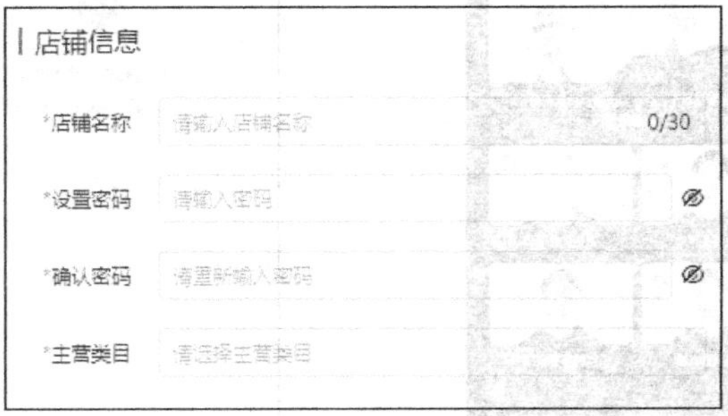

图 6-10　设置店铺信息

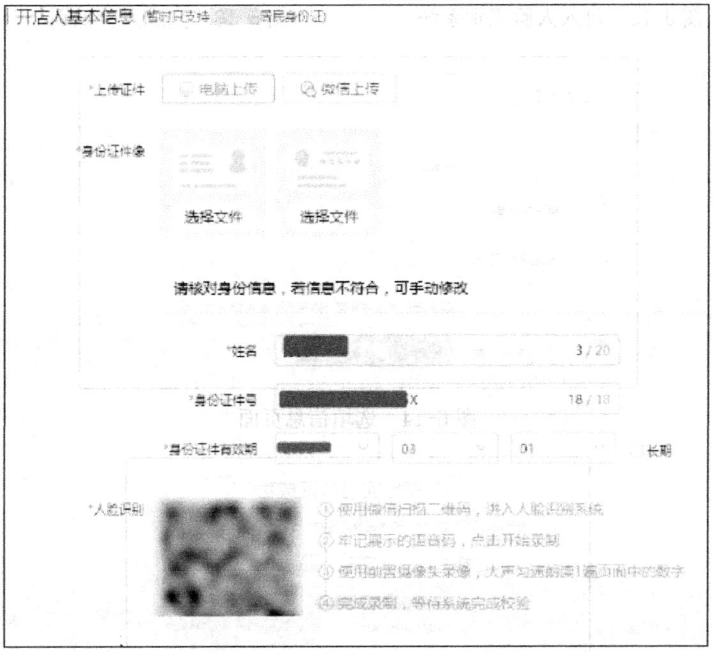

图 6-11　设置开店人基本信息

（6）上传完证件后，还要使用微信扫描"人脸识别"右侧的二维码，进入人脸识别系统，根据提示完成人脸识别操作。扫描二维码后会出现"视频录制规范"提示框，点击"我知道了，开始识别"按钮，如图 6-12 所示。

（7）视频录制完成后会提示客户"您已完成人脸识别"，如图 6-13 所示。

（8）接着填写"选填信息"，如图 6-14 所示。

（9）单击"提交"按钮，会出现"您已实名认证成功"提示框，如图 6-15 所示。

图 6-12　进入人脸识别系统

图 6-13　完成人脸识别

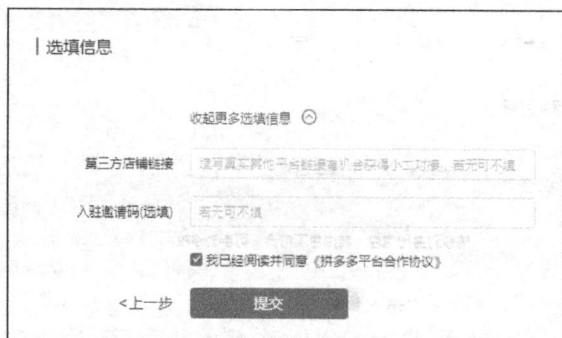

图 6-14　选填信息页面

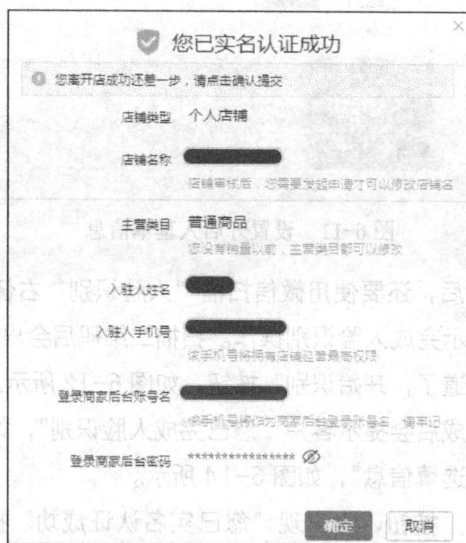

图 6-15　"您已实名认证成功"提示框

（10）单击"确定"按钮，系统提示资料审核通过，如图 6-16 所示。系统将自动创建一个店铺，并以短信形式通知商家，商家既可以登录招商平台查看店铺的账号和初始密码，也可以单击链接跳转到拼多多商家后台登录页面。

图 6-16　资料审核通过

**知识链接**

拼多多不仅流量大，而且开店门槛非常低，只要商家有一定的供货能力，就可以在拼多多上开网店。在产品类型方面，商家应尽量选择低价的产品，因为低价有助于快速获取客户。

### ▶▶▶ 6.3.2　发布商品

入驻拼多多后，就可以发布商品了，下面讲述在拼多多商家后台发布商品的方法，具体操作步骤如下。

（1）首先进入商家后台登录页面，如图 6-17 所示，用户可选择扫码登录或账户登录，这里选择账户登录，然后输入账户名/手机号码和密码。

发布商品

图 6-17　商家后台登录页面

（2）单击"登录"按钮，打开商家后台页面，在左侧导航栏中的"商品管理"下选择"发布新商品"选项，如图6-18所示。

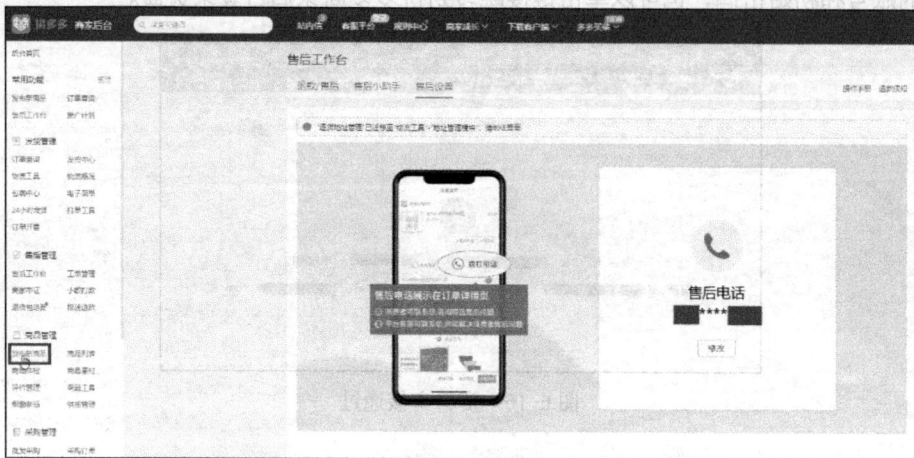

图6-18　选择"发布新商品"选项

（3）进入"发布新商品"页面，商家可以在搜索框中输入关键词快速搜索分类，也可以在下方手动设置分类；设置完成后，单击"确认发布该类商品"按钮，如图6-19所示。

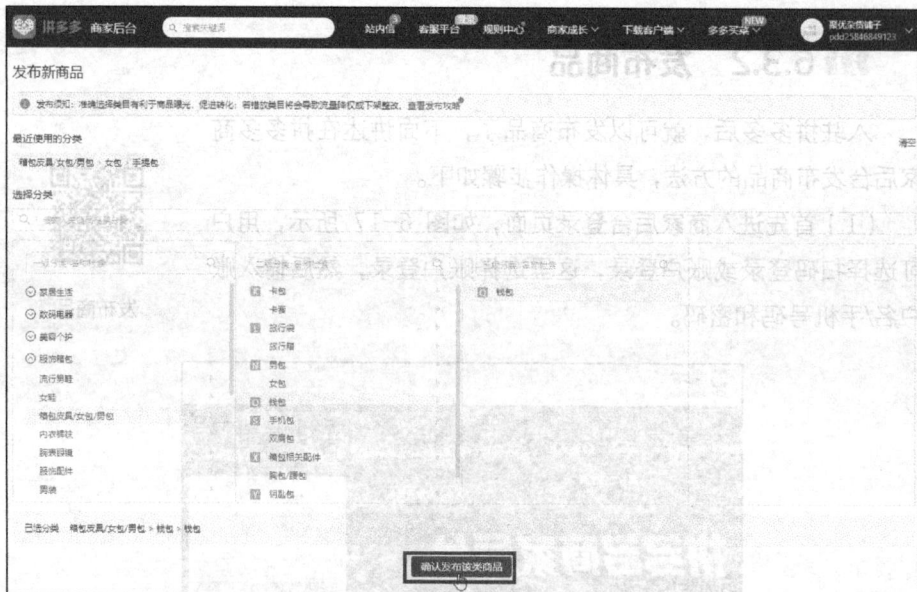

图6-19　选择并发布商品

商家必须考虑自己能否卖出低价的产品，能否盈利。产品成本、工资成本和物流成本都是商家需要考虑的因素。商家必须迎合平台的偏好，这样才能成为平台欢迎的商家。

（4）进入"发布新商品"页面，先要设置商品基本信息，包括商品标题、商品轮播图、商品属性、商品详情等，如图6-20所示。

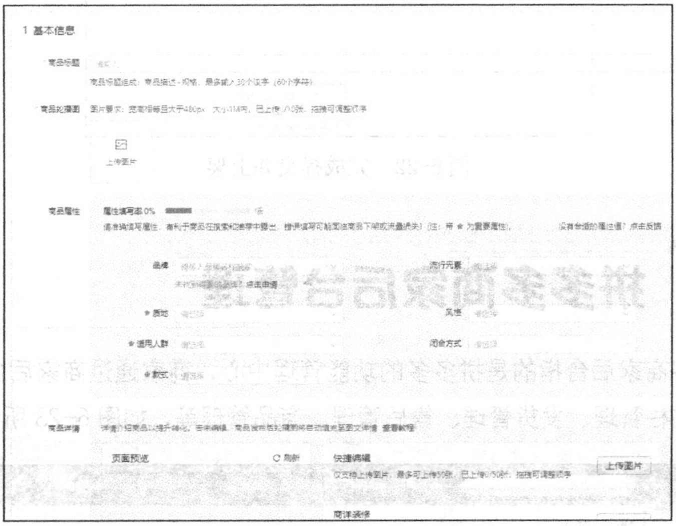

图6-20　设置商品基本信息

（5）填写商品规格与库存，包括商品规格、价格及库存、商品参考价，如图6-21所示。

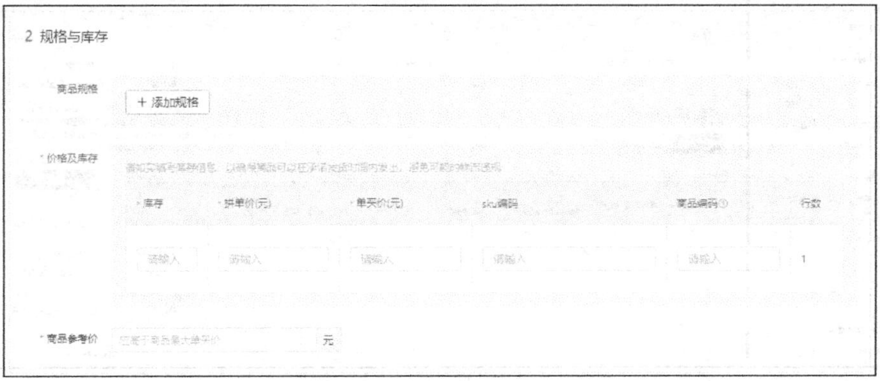

图6-21　填写商品规格与库存

（6）填写服务与承诺，包括运费模板和承诺，填写完成后单击"提交并上架"按钮，如图 6-22 所示。

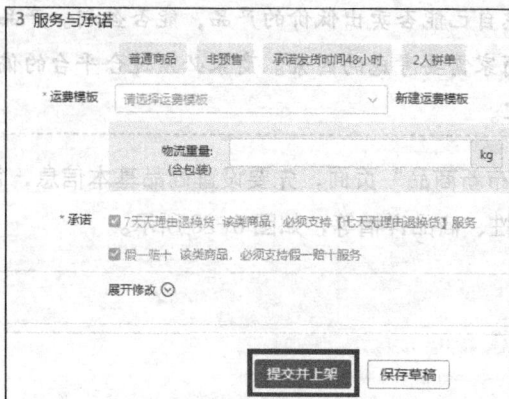

图 6-22　完成提交并上架

# 6.4　拼多多商家后台管理

拼多多商家后台指的是拼多多的功能管理中心，商家通过商家后台可以实现商品的标题栏管理、发货管理、售后管理、商品管理等，如图 6-23 所示。

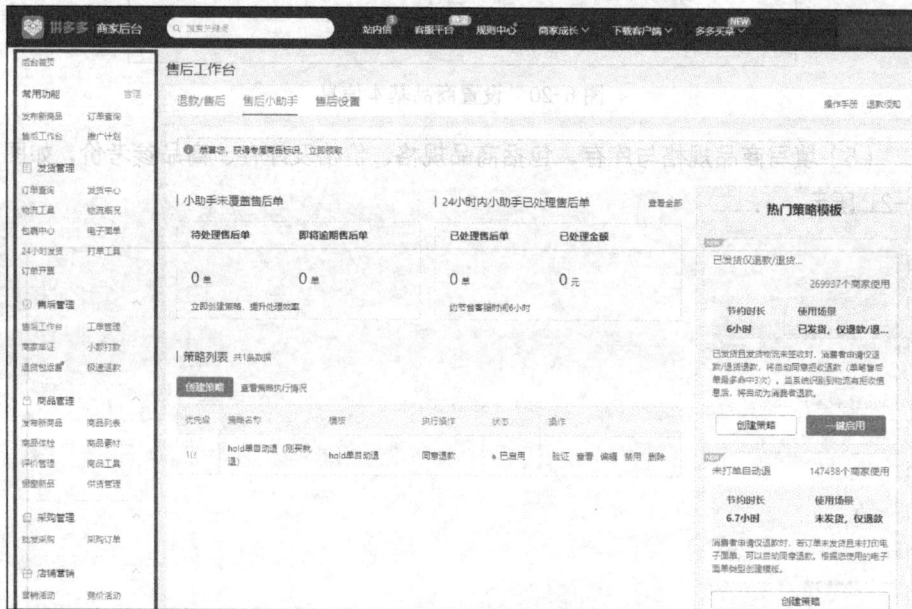

图 6-23　商家后台管理模块

### ▶▶▶ 6.4.1　标题栏的功能

标题栏的第一个功能为站内信，主要用来接收平台的各种通知，包括平台动态、店铺动态、营销推广等，如图 6-24 所示。

图 6-24　站内信

站内信是平台与商家之间的一个非常重要的沟通渠道，其中有很多关于拼多多的知识和学习教程。商家要自己阅读站内信，熟悉这些规则和知识对店铺运营是有很大帮助的。

标题栏的第二个功能是客服平台。

**知识链接**

在日常运营时，客服的回复率需要达到规定的标准，不然商家很难参加活动。平台活动是直接获取销量和流量的渠道，商家一般不会放弃这个渠道，所以必须保证客服的回复率在规定范围之内。

商家想要更好地管理多个店铺的客服，就需要借助客服平台，客服平台如图 6-25 所示。

在标题栏中选择"商家成长"|"商家社区"选项，可以进入商家社区。这是商家集中交流的互动平台，商家可以在此了解平台最新资讯，学习各种运营方法，与同行交流经验。商家社区如图 6-26 所示。

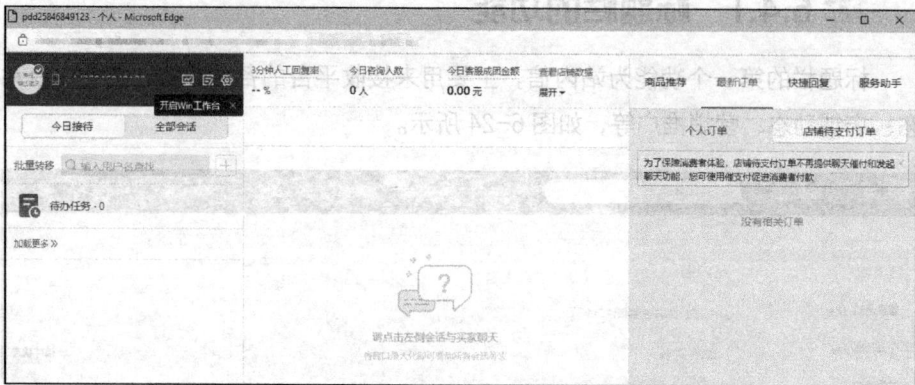

图 6-25　客服平台

图 6-26　商家社区

## ▶▶▶ 6.4.2　发货管理

　　商家可通过发货管理模块处理日常发货和退货等业务，"发货中心"页面如图 6-27 所示。商家可以在该页面进行"批量导入""单条导入""在线下单""拼多多打单""无物流批量导入""无物流单条导入"等操作，查看批量发货记录。

　　开通"24 小时发货"服务后，商家承诺发货时间将设为 24 小时，在商品搜索页和详情页会展示"24 小时发货"标签，这可以大大提高订单转化率，提高商品流量，同时可以提高物流满意度。

图 6-27 "发货中心"页面

客户完成付款后,商家需要尽快发货。经大量数据验证,绝大多数商家可以做到在 72 小时内发货,一方面是为了提高服务质量,另一方面是为了满足客户的购物心情,营造良好的购物环境。

**知识链接**

需要注意的是,若成团后 24 小时内商家未发货,需赔付客户至少 3 元的平台优惠券。

**课堂实践**

### 设置 24 小时发货

选择"发货管理"|"24 小时发货"选项,进入"24 小时发货"页面,如图 6-28 所示。

开通"24 小时发货"服务后,商品详情页会显示"24 小时发货"标签,如图 6-29 所示。

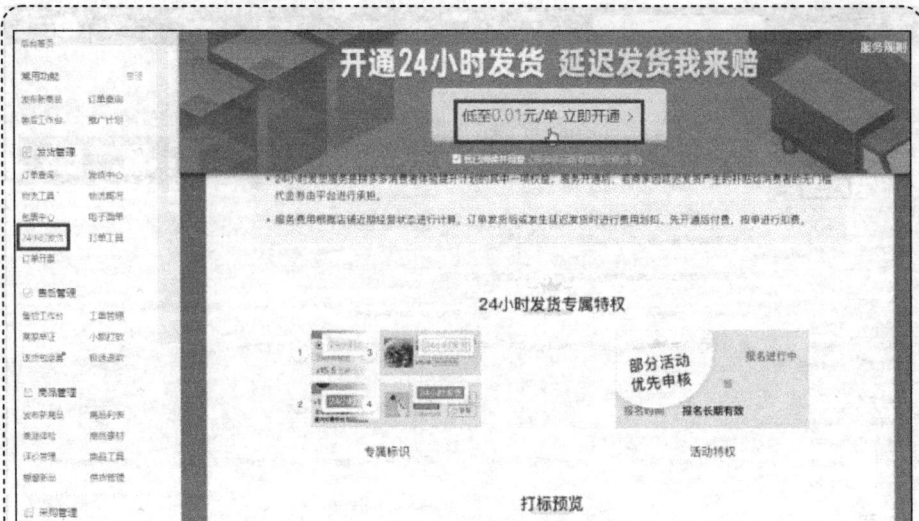

图 6-28 "24 小时发货"页面

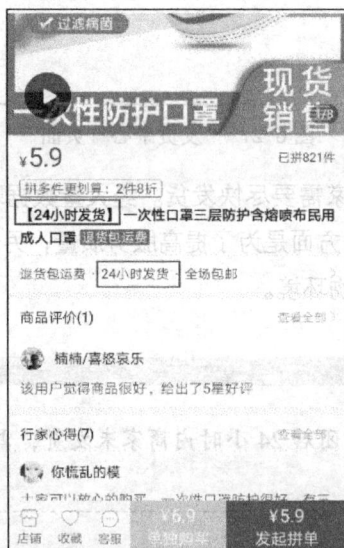

图 6-29 "24 小时发货"标签

### ►►► 6.4.3 售后管理

商家通过拼多多商家后台的售后管理功能可以处理售后出现的一些问题。选择"售后管理"下的"售后工作台"选项后，会出现"售后工作台"页面，"售后工作台"页面包括"退款/售后""售后小助手""售后设置"等功能，图 6-30 所示为"售后工作台"页面。

售后管理

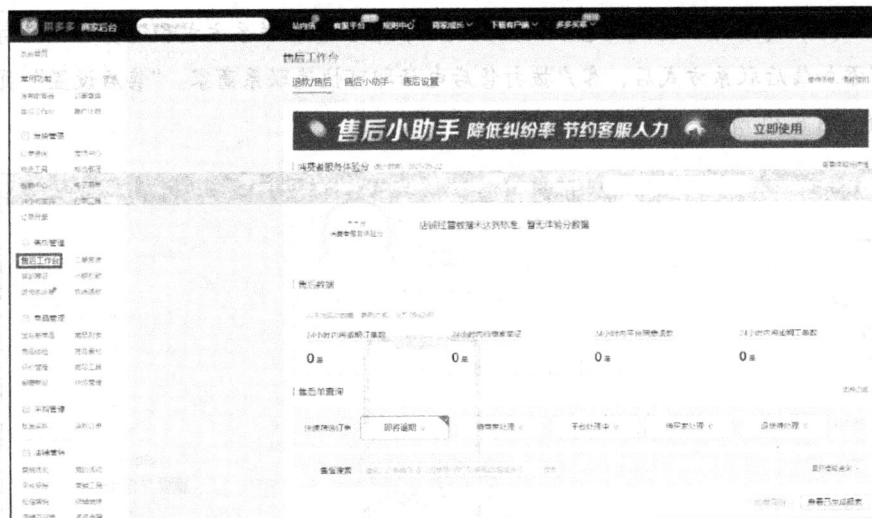

图 6-30 "售后工作台"页面

### 课堂实践

**练习售后管理操作**

（1）例如，在各种平台大促活动过后，很多商家都会遇到售后退款问题。此时商家可以借助"售后小助手"这个工具来快速、高效地处理售后退款任务，"售后小助手"页面如图 6-31 所示。这样，商家就不用在售后环节调配员工，也不用担心 DSR 评分受到影响。

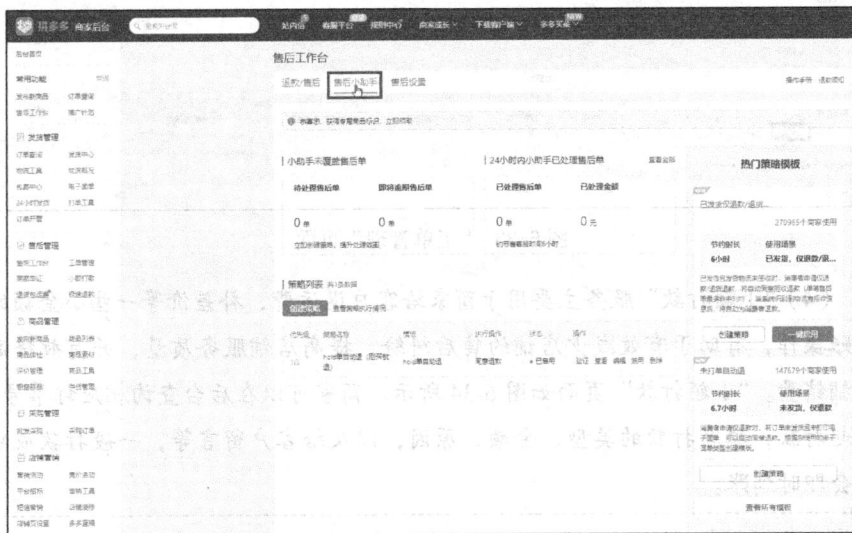

图 6-31 "售后小助手"页面

（2）商家可以进入"售后设置"页面，管理售后联系方式和退货地址。商家添加售后联系方式后，客户拨打售后电话即可快速联系商家。"售后设置"页面如图 6-32 所示。

图 6-32 "售后设置"页面

（3）"工单管理"服务主要用于查询相应时间段内的工单状态，"工单管理"页面如图 6-33 所示。

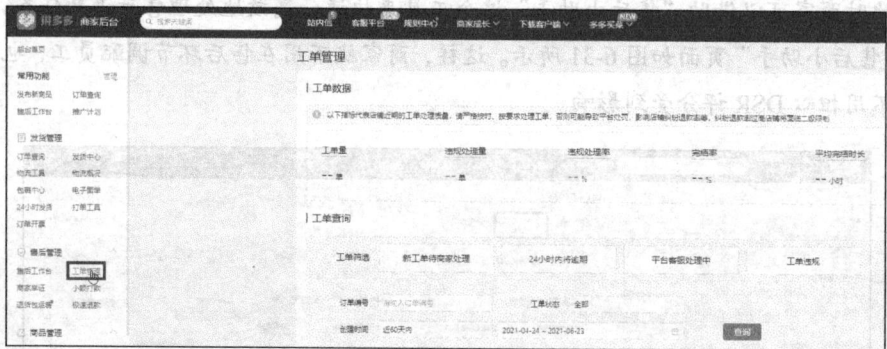

图 6-33 "工单管理"页面

（4）"小额打款"服务主要用于商家给客户退运费、补差价等一些小金额的转账操作，有助于有效减少店铺的售后纠纷，提高店铺服务质量，并有效提高店铺销量。"小额打款"页面如图 6-34 所示。商家可以在后台查询相应订单号，发起打款，填写打款的类型、金额、原因，以及给客户留言等，一般打款成功后会即时到账。

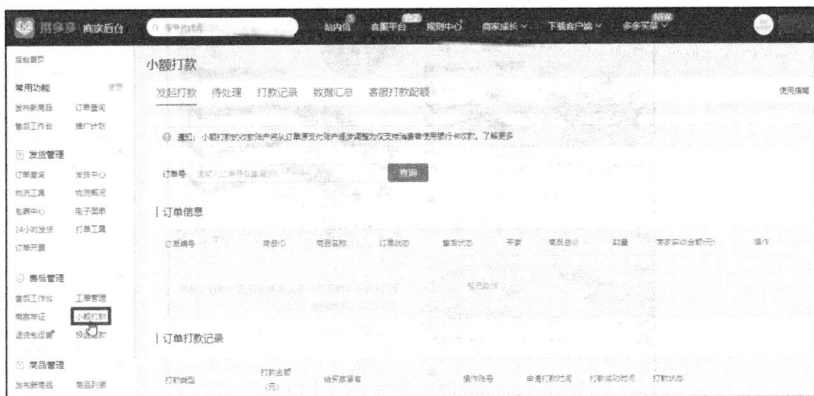

图6-34 "小额打款"页面

（5）运费也是拼多多售后处理中常见的问题。由运费产生的争执非常多。拼多多推出"退货包运费"服务就是为了减少关于运费的纠纷，商家开通该服务还可以增加店铺搜索权重。"退货包运费"页面如图6-35所示。

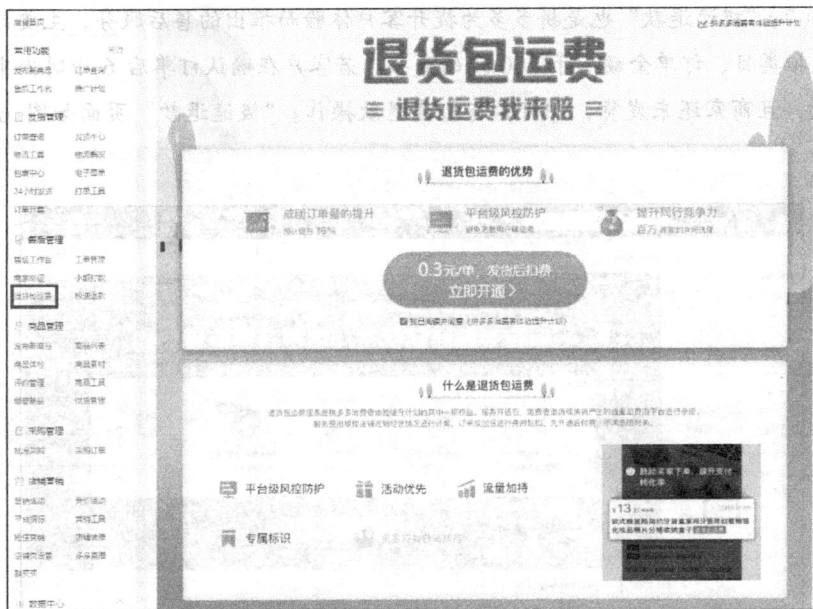

图6-35 "退货包运费"页面

（6）开通"退货包运费"服务的店铺，还可以享有"退货包运费"标签。该标签同时显示在商品详情页、下单页、订单详情页和售后单等页面中，可以有效提高商品的转化率，并提升客户黏性。各页面的"退货包运费"标签如图6-36所示。

图 6-36　各页面的"退货包运费"标签

（7）"极速退款"也是拼多多为提升客户体验而推出的售后服务，主要针对非虚拟类目、订单金额小于 300 元的商品。若客户在确认订单后 6 小时内申请退款，且商家还未发货，即可执行极速退款操作。"极速退款"页面如图 6-37 所示。

图 6-37　"极速退款"页面

#### ▶▶▶ 6.4.4　商品管理

拼多多商家后台可用于管理商品，商家可以对商品信息进行修改，也可以下架商品，还可以对商品进行推荐。

在"商品列表"页面中可以创建商品，通过上架审核的商品也会出现在"商品列表"页面中。商家可以在"商品列表"页面中执行上下架商品、编辑商品和分享激活等操作。选择"商品列表"页面右侧的"分享商品"选项，会出现"分享商品"提示框，可通过分享链接、分享二维码、分享海报这三种方式将商品分享到微信群、QQ群或微博等平台。"分享商品"提示框如图6-38所示。

商品管理

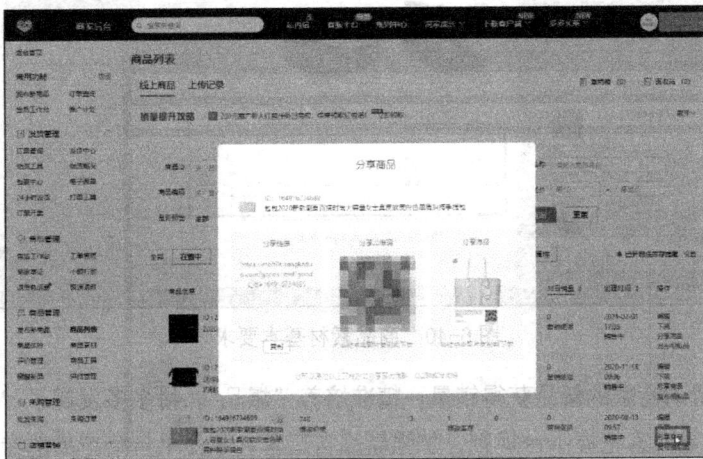

图6-38 "分享商品"提示框

店铺每天可以使用一次"商品体检"功能，使用该功能后系统会详细展示店铺的问题商品情况，商家可以根据体检结果和平台规则，在系统的引导下处理这些问题，从而增加店铺的流量，提高转化率、活动报名成功率，以及获得客户好评。"商品体检"页面如图6-39所示。

图6-39 "商品体检"页面

"商品素材"页面主要展示商品各级标准的素材，包括白底图、长图和场景图等，同时可以展示相关的示例图。商品素材基本要求如图6-40所示。商家也可以在此查看被系统驳回的不符合标准的商品素材，以及重新上传商品素材，提交审核。

图6-40    商品素材基本要求

为了帮助商家的新品获得销量，精准培养"爆品"，拼多多发起了"橱窗新品计划"，指导商家把握平台规则，加强新品自运营，享受平台给新品的专属流量权益。要从海量新品中培养潜力新品，商家只需通过"新品作战室"完成新品任务，自主选择符合条件的新品成为"橱窗新品"。"橱窗新品"页面如图6-41所示。

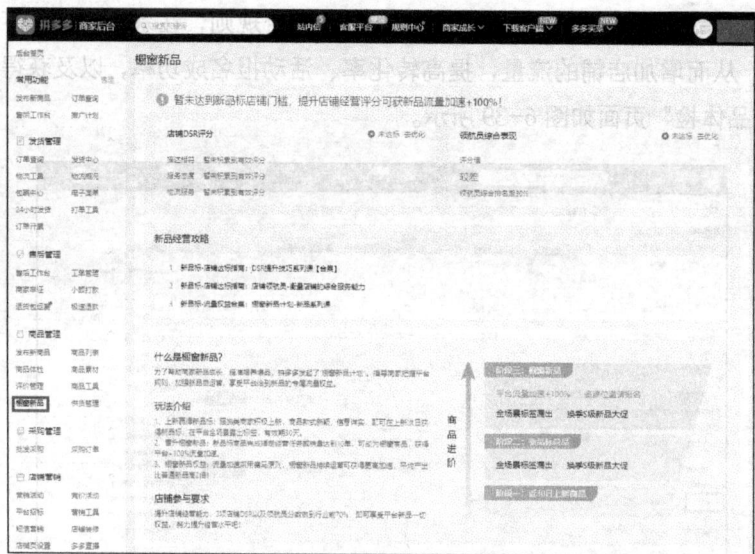

图6-41    "橱窗新品"页面

# 6.5 拼多多店铺推广引流

拼多多商家想要开好店铺，就要学会灵活运用各种店铺引流和推广工具，只有筛选出适合自身店铺的方法，才能使店铺获得效益。

## ▶▶▶ 6.5.1 拼多多的自然搜索排名规则

拼多多自然搜索排名规则如下。首先进行精准匹配，精准匹配优先级别最高，即优先展示词序一致的商品。其次进行中心词匹配，即若系统无法精准匹配，默认展示标题包含中心词的商品。最后进行近似词广泛匹配，即若无法通过中心词匹配商品，则根据近似词匹配类目相同的商品。

拼多多自然搜索流量是免费的流量，而且它的引流非常精准，能够有效地提高店铺的转化率。例如，客户在拼多多上搜索"小家电"时，会显示很多小家电商品，即使有的店铺并没有在拼多多做任何宣传广告也会显示其店铺的小家电商品，如图 6-42 所示。

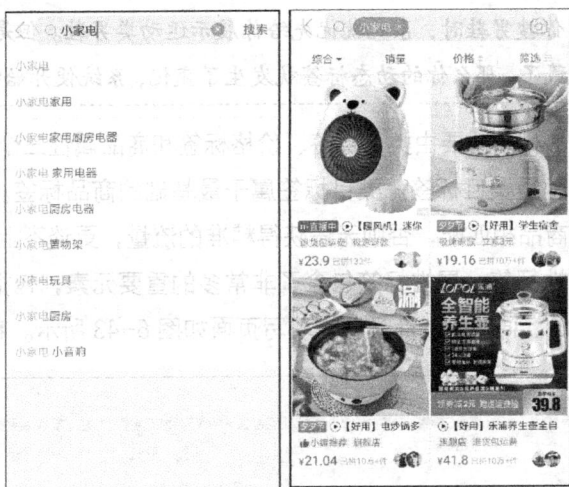

图 6-42 搜索"小家电"

影响拼多多商品自然搜索排名的因素有很多，具体包括商品标题关键词匹配、价格、促销活动、店铺的信誉、转化率、商品类目、销量、DSR 评分等，同时搜索结果还会遵循千人千面的展示逻辑。拼多多会综合这些因素每 24 小时更新商品自然搜索排名，也就是说，并不是某个商品会一直排在前面。

　　为商品取标题的时候最好选用商品所在类目的热门关键词，商品的详细描述一定要包含商品的热门关键词。这样，当客户搜索商品的相关关键词时，你的商品就有机会排在前面。

### ▶▶▶ 6.5.2　拼多多的千人千面逻辑

　　千人千面是拼多多搜索排名的一种推荐算法。目前拼多多主要通过人群标签匹配商品标签来干预搜索排名，实现"人货匹配"。

　　拼多多依据客户行为推荐商品。简单来说，就是客户仔细浏览过什么商品，收藏过什么商品，买过什么商品，就推荐什么商品。例如，你最近一直在看连衣裙，平台就会给你推荐连衣裙，你看的是蕾丝连衣裙，平台就会给你推荐更多的蕾丝连衣裙，也会给你推荐部分雪纺连衣裙。

　　拼多多目前只有动态标签，动态标签以客户当前行为为指向。例如，你之前经常买运动鞋，当你搜男鞋时，系统就优先给你展示运动类男鞋。但是你最近搜索了皮鞋，并且还收藏了，那么你的动态标签就发生了变化，系统便开始给你推荐皮鞋。

　　拼多多的商品标签主要由类目标签、价格标签和商品属性三个部分构成。

　　首先最重要的是类目标签。类目标签属于最基础的商品标签。商家选择的商品类目一定要与商品相匹配，否则无法获得精准的流量，更谈不上转化了。

　　其次就是属性标签。属性标签包含了非常多的重要元素，包括商品品牌、商品风格、适用年龄、面料等。商品属性填写页面如图6-43所示。商品属性填写是

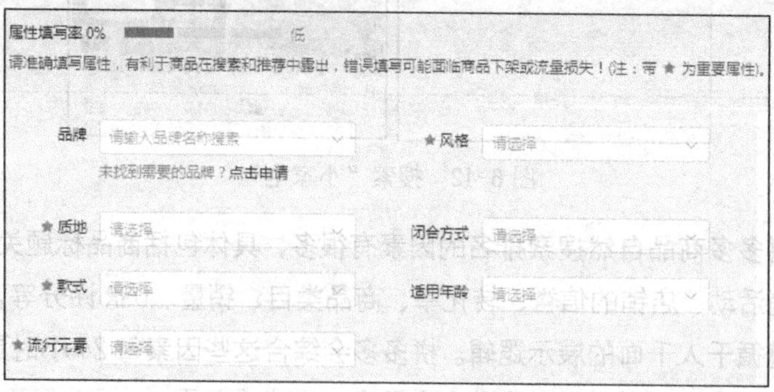

图 6-43　商品属性填写页面

否精准，对于流量的精准性影响非常大，精准、完整地填写商品属性，才能获得更多的精准流量。

最后系统会给每个商品贴上一个价格标签。

### ▶▶▶ 6.5.3 拼多多小程序引流推广

拼多多用小程序来承载拼单、砍价等优惠活动，激发客户的积极性，实现快速引流推广。这种方法可在较短时间内形成庞大的精准客户群，商家后期可借此进行精准营销。

微信用户数量巨大，且微信正在不断强化小程序的功能，小程序在获客、留存和变现上有强大的能力和较大的发展空间。微信提供了多种小程序推广渠道，商家如果运营得当，便可轻松获得一定的流量。借助微信平台的力量，商家可以通过扫码推广、分享推广、公众号推广等方式获取小程序的流量。

拼多多小程序的主界面基本与 App 的主界面一致，图 6-44 所示为拼多多小程序的主界面。

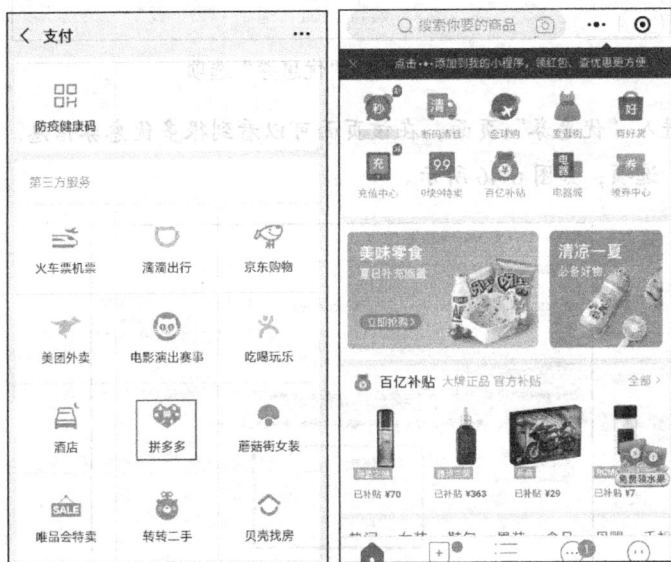

图 6-44　拼多多小程序的主界面

### ▶▶▶ 6.5.4 拉人关注券营销

客户主动发起站外分享，帮助店铺拉取站外粉丝，拉取一定数量的粉丝后，可获得一张无门槛店铺券。拉人关注券营销可帮助店铺获取潜在的站外粉丝。

## 课堂实践

### 设置拉人关注券

设置拉人关注券的具体操作步骤如下。

（1）进入商家后台，选择"店铺营销"下的"营销工具"选项，进入"营销工具"页面。选择"优惠券"选项，如图 6-45 所示。

图 6-45 选择"优惠券"选项

（2）进入"优惠券"页面，在该页面可以看到很多优惠券信息。选择"全店满减券"选项，如图 6-46 所示。

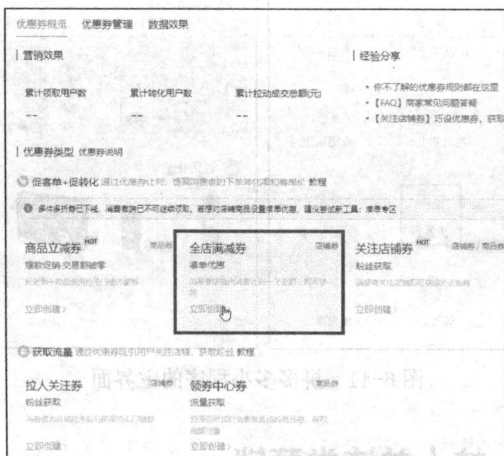

图 6-46 选择"全店满减券"选项

（3）填写优惠券信息，如图 6-47 所示，包括优惠券类型、优惠券名称、领取时间、面额、面额示例、使用条件、发行张数、每人限额等。填写完成后单击"创建"按钮就可以了。

图6-47 填写优惠券信息

### ▶▶▶ 6.5.5 关注店铺券营销

关注店铺券营销对吸粉有很大的帮助，客户领券时必须关注店铺，店铺发券的同时可积累粉丝。关注店铺券必须为 5 元以上的无门槛店铺券。通过优惠券让利，商家可积累店铺粉丝，从而提高客户复购概率等。

关注店铺券营销

**课堂实践**

**设置关注店铺券**

设置关注店铺券的具体操作步骤如下。

（1）进入商家后台，选择"店铺营销"|"营销工具"选项，进入"营销工具"页面，选择"优惠券"选项，进入"优惠券"页面。选择"关注店铺券"选项（部分截图），如图6-48所示。

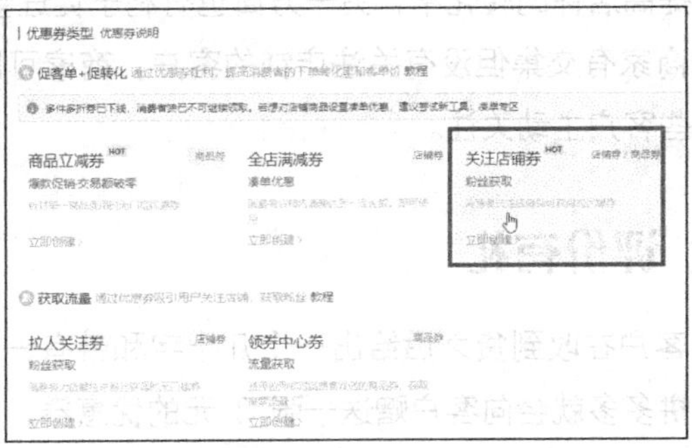

图6-48 选择"关注店铺券"选项（部分截图）

（2）填写优惠券信息，如图 6-49 所示，包括优惠券类型、使用范围、优惠券名称、领取时间、使用时间、面额、面额示例、发行张数等。填好后单击"创建"按钮就可以了。

图 6-49　填写优惠券信息

### 课堂讨论

怎样设置关注店铺券才能更好地吸引客户关注并购买？

设置关注店铺券时可以配合活动或推广，以增加关注量。

（1）针对活动商品，告知客户关注店铺可用活动价抢到商品，引导客户关注。假设商家将要参加优惠活动，活动前可以在详情页或其他位置宣传"提前关注店铺，活动开始后可及时抢到×××"，引导客户关注店铺及商品。这样不仅能吸引有购买需求的客户关注，还能进行活动预热。

（2）商家在做推广的时候，会有一波付费流量进入店铺，同步发行关注店铺券，一方面有利于提高店铺的转化率，另一方面也有利于促进新粉丝的增加。

（3）对于曾和商家有交集但没有关注店铺的客户，商家可以发送短信，利用关注店铺券刺激这些客户主动关注。

### ▶▶▶ 6.5.6　评价有礼

评价有礼是指客户在收到货之后给出一个几十字和带有一张商品图的好评，拼多多就会向客户赠送一张 3 元的优惠券，但是这个优惠券的成本是由商家自己承担的。

评价有礼

商家设置评价有礼，可以有效提高商品转化率及复购率，从而安全、快速地提高商品销量。商家可通过发放 3 元优惠券，鼓励客户进行商品评价，为店铺积累评价内容。

### 课堂实践

#### 设置评价有礼

设置评价有礼的具体操作步骤如下。

（1）进入商家后台，选择"店铺营销"下的"营销工具"选项，进入"营销工具"页面，选择"评价有礼"选项，如图 6-50 所示。

图 6-50　选择"评价有礼"选项

（2）进入"评价有礼"页面，单击"立即开启"按钮，如图 6-51 所示。

图 6-51　单击"立即开启"按钮

（3）填写活动信息，如图 6-52 所示，包括活动开始时间、活动商品、发行张数等。填写完成后单击"去支付"按钮。

177

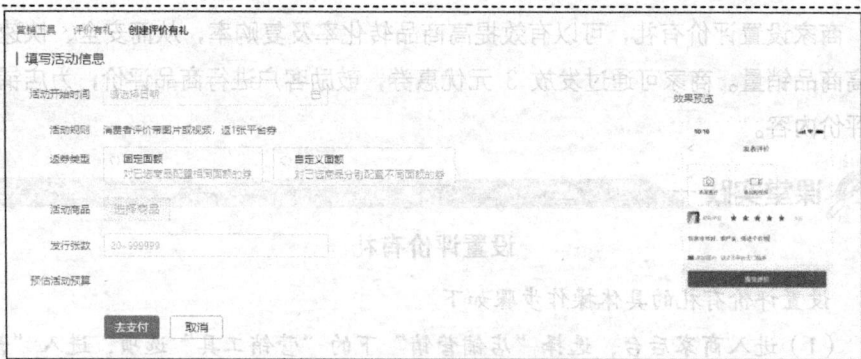

图 6-52 填写活动信息

### 知识链接

优惠券发行张数可以是 1～2 000 张。优惠券发行得越多，需要充值的钱就越多，因为活动预算等于优惠券发行张数乘以返现金额，而返现金额为 3 元。如果发行 1 000 张，活动预算就是 1 000×3=3 000（元）。

### 课堂讨论

设置评价有礼后，订单页会有"评价有礼"的提醒字样。但是怎样让更多的客户提前知道店铺有评价有礼活动呢？

（1）在直播间介绍新品时告知。评价有礼活动非常适合新品，在直播间介绍新品的时候，可以介绍这款商品有评价有礼活动。比如，在介绍完商品后，主播可以说："购买这款商品，还有额外的 5 元优惠券，限量 500 张，您只需要晒出真实优质的评价就可以获得。"这样不仅告诉了客户新品有评价有礼活动，而且也可以有效促使客户下单。

（2）客户发送商品卡片咨询时自动回复。可以给参加评价有礼活动的商品设置自动回复。当客户发送商品卡片给客服时，客服一定要抓住机会告诉客户这个商品正在参加评价有礼活动，这样不仅可以提高询单转化率，还有助于提醒客户收货就评价。

### 任务实训

**实训目标：**

掌握在拼多多开网店、管理和营销推广的方法，通过具体的任务实训来加深读者对本章知识的理解和认识。

**实训练习：**

假设你想在拼多多开店，首先需开通拼多多店铺，然后发布商品，填写商品详细信息，上传商品图片，接着进行商品的后台管理和店铺的引流推广。

**实训内容：**

（1）打开拼多多官方网站，选择导航栏中的"商家入驻"选项，根据提示一步一步入驻拼多多。

（2）开店成功后，利用拼多多商家后台发布商品，填写商品详细情况。

（3）利用拼多多商家后台进行商品的标题栏管理、发货管理、售后管理、商品管理。

（4）进行拼多多店铺推广引流。利用拼多多小程序、拉人关注券、关注店铺券、评价有礼等引流推广。

## 思考与练习

1．企业入驻拼多多的条件和个人入驻拼多多的条件有哪些区别？

2．拼多多商家有哪些分类，各有什么特点？

3．在拼多多开店的优势有哪些？

4．简述入驻拼多多的基本流程。

5．简述在拼多多商家后台发布商品的步骤。

6．拼多多商家后台的"售后管理"有哪些模块，各有哪些功能？

# 第7章
# 移动电商数据分析

## 学习目标

- 熟悉移动电商数据分析的相关知识
- 掌握数据挖掘的相关知识
- 掌握常用的数据分析工具
- 掌握店铺数据实战分析方法

## 引导案例

### 通过移动电商数据分析及时解决店铺隐患

周帆原来是开线下服装店的，最多时开有 5 家服装店。受电商的影响，传统服装店销量每况愈下，去年年底，周帆关了最后一家服装店。周帆在淘宝网上注册了自己的店铺，刚开始卖一些名牌服装的尾货。开网店不到两年，他在淘宝上的品牌男装旗舰店已经有 3 个皇冠，好评率达 99.01%。周帆注册了自己的男装品牌，请服装设计师设计服装，交由代工厂商生产后，利用网络渠道销售。

但最近其网店的销量出现了下滑趋势，要找到销量下滑的原因，还是要从访客数、转化率和客单价着手。只有找到店铺销量下滑的真正原因并妥善解决问题，才能把店铺经营得有声有色。于是周帆通过跟客服人员沟通和查阅客服人员聊天记录，发现客服人员的访客数、转化率、客单价以及响应速度等数据都很差，他决定对电商平台数据中的每个指标逐一展开分析，以解决网店的隐患。

如今各行各业都离不开数据分析，移动电商人员在打造一个品牌、一个"爆款"时更是离不开数据分析，可以说数据分析贯穿移动电商的整个运营过程。

在移动电商的运营中，数据分析扮演着不可忽视的角色。很多商家都不太了解数据分析，只知道一味地引流、打造"爆款"等，却不知道如何利用数据分析获取更好的单品引流效果，不知道打造"爆款"的趋势是什么。做好数据分析与数据挖掘，不仅有助于改善店铺经营状况，更有助于营销推广、打造"爆款"。本章的内容包括移动电商数据分析概述、移动电商的数据挖掘、常用的数据分析工具、店铺数据实战分析。

# 7.1 移动电商数据分析概述

移动电商数据分析是指通过观察、调查、统计等手段，以数据形式把移动电商运营的各方面情况反映出来，使管理者更加清楚目前的运营情况，以便于调整运营策略。

## 7.1.1 进行移动电商数据分析的原因

随着电商企业规模的不断扩大，管理数据日益复杂，管理者如果仅仅依赖于传统的管理手段就很难适应现代化的电商企业管理。因此，为了实现移动电商的现代化科学管理，实现对复杂的管理数据的识别和分析，满足企业快速成长的需求，管理者就必须充分认识到数据分析对电商发展的重要性，重视数据统计与分析的相关工作，提高移动电商数据统计与分析的质量，保障数据的精准度。

在移动电商中，数据分析的价值越发凸显。数据分析为移动电商提供了良好的信息管理基础，使管理者能够组织和展开内部的数据统计工作。数据分析的价值还体现在对移动电商发展中出现的问题的分析和预测上，其具体内容如下。

（1）发现问题：通过数据分析可发现问题，找到问题症结。

（2）解决问题：通过数据分析更能有针对性地找到解决问题的方法。

（3）预测趋势：通过数据分析可预测电商平台、产品的发展状况。

（4）挖掘需求：通过数据分析可挖掘客户需求。

### ▶▶▶ 7.1.2　移动电商数据分析的指标

商家要想做好数据分析，一定要能看懂各种指标，通过分析指标数据来弥补运营方面的不足，并且不断地优化店铺，顺利地运营店铺。接下来介绍移动电商数据分析的指标。

移动电商数据分析的指标

#### 1. 客单价

客单价是指店铺成交客户平均每次购买商品的金额，即平均交易金额。

客单价的计算公式是：客单价=销售总额÷成交总笔数。

店铺销售总额是由客单价和成交总笔数决定的，因此，要提高店铺的销售总额，除尽可能多地吸引客户进店，增加客户交易笔数之外，提高客单价也是非常重要的途径。

#### 2. 转化率

转化率指成交客户数占店铺访问总人数的比重。转化率对店铺的成交量有直接的影响。虽然流量对店铺的成交量有很大影响，但如果店铺转化率太低，流量再多也不起作用。只有转化率提高，引流的效果才会更好。转化率高低直接影响店铺对高质量流量的转化能力。

#### 3. 复购率

复购率指客户对产品或者服务的重复购买次数，复购率越高，客户对品牌的忠诚度就越高。对于客户复购率高的店铺，平台会认为商家的服务态度好、发货速度快、商品质量好。

> **知识链接**
>
> 影响复购率的主要因素有两个，一个是产品的质量和客户之间的关联度，另一个是对老客户的营销。对于前者，关键是在产品选择环节，需要对产品进行更加严格的测试，以保证产品的质量以及款式符合客户的需求。对于后者，关键是对老客户做好维护，培养店铺与客户之间的关系，同时对他们做产品的推送。

#### 4. 退款率

退款率是指近 30 天成功退款笔数占近 30 天总交易笔数的比率。退款率对商家的影响还是比较大的，能间接反映商家的产品质量、服务态度、产品款式的受欢迎程度等,如果店铺的退款率高于行业的平均退款率,就要及时做好调整了。如何降低退款率是一个非常重要的问题,商家可以采用送小红包或者是赠送小礼品给客户的方法来降低退款率。退款率分析如图7-1所示。

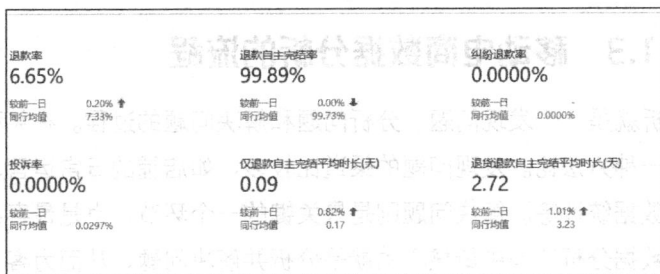

图7-1 退款率分析

### 5. 点击率

点击率是指商品展现后被点击的比率,点击率=点击量÷展现量。点击率能体现产品是不是真的受欢迎,对流量也会产生影响。点击率提高了,说明店铺和商品得到了更多的展现和曝光,有了点击率才可能有转化率。点击率低的主要原因有产品价格高、销量低、款式过时、关键词不精准、客户定位不精准。点击率低比较常见的原因就是创意主图和文案质量差,商家可以通过优化产品主图和文案来提高点击率。

### 6. 访客数

访客数是指统计周期内访问店铺的去重人数。若一个人在统计周期内访问店铺多次但访问次数只记为一次。

### 7. 店铺动态评分

店铺动态评分包括描述相符、服务态度、物流服务三项评分,是衡量店铺好坏的标准之一。店铺动态评分如图7-2所示。店铺动态评分不仅影响店铺的排名,还会影响商品的排名,如果客户看到店铺动态评分很低会大大降低购买的欲望。要提高店铺动态评分需要从描述相符、服务态度、物流服务这几个角度入手。

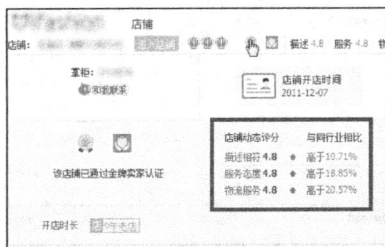

图7-2 店铺动态评分

## 8. 跳失率

跳失率是指客户只访问了一个页面就离开的访问次数占该页面总访问次数的比例。该值越低表示流量的质量越好。

### ▶▶▶ 7.1.3　移动电商数据分析的流程

数据分析就是一个发现问题、分析问题和解决问题的过程。在某种程度上，数据分析是一种方法论。发现问题的渠道比较多，如店铺的日常运营、客户的反馈以及日常数据统计等。解决问题则是最关键的一个环节，也是最容易被忽略的环节。目前数据分析工作中最核心的就是分析并解决问题，从而为客户提供良好的客户体验。

---

**课堂实践**

### 数据分析步骤

数据分析常用步骤如下。

#### 1. 确定目标

在获取数据之前，运营人员应该明确需要通过数据分析解决的问题。

#### 2. 收集数据

（1）自己店铺的数据。店铺过往的销售记录、交易转化数据、广告推广效果等是最真实、最有价值的，应该定期整理。

（2）平台提供的数据。运营人员可以充分利用平台提供的数据分析工具，了解店铺运营状况，如查看商品访客数、商品微详情访客数、商品浏览量、有访问商品数、商品平均停留时长、商品详情页跳出率。平台提供的部分数据如图7-3所示。

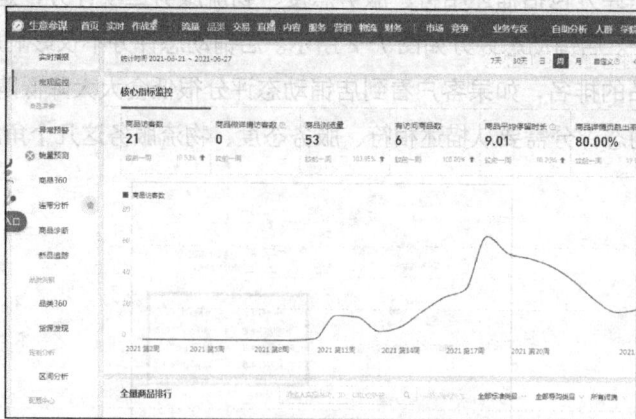

图 7-3　平台提供的部分数据

（3）第三方数据平台——有的平台提供给商家的数据不丰富，无法满足商家对数据分析的需求，因此商家可以利用第三方数据平台收集更多的数据。有些第三方数据平台是专门服务于电商商家的，通常可用于检测平台整体数据、行业数据、竞品数据。图7-4所示为第三方数据平台。

图7-4　第三方数据平台

### 3. 整理数据

可将数据制作成图表，也可用 Excel 的公式及数据透视表功能进行统计运算，整理后的数据更直观。

### 4. 对比数据

通常需要对比数据才能得出结论和做出判断，比如本月和上月的数据对比，不同产品的数据对比等。

### 5. 做出判断

通过对比数据发现需要改进的地方，或者筛选出较优的方案。

### 6. 尝试改变

尝试建立多个新方案并进行数据测试，如做直通车推广时多尝试几张不同风格的广告图。

### 7. 前后对比，确定最优方案

测试各方案后选择最优方案，使效果最优。

### ▶▶▶ 7.1.4　移动电商常用的数据分析方法

在大数据时代，大数据全面、实时、精准地为电商企业提供了海量的数据集。移动电商的很多方面都会涉及大数据。下面介绍移动电商常用的数据分析方法。

**课堂讨论**

你知道的移动电商常用的数据分析方法有哪些？

#### 1. 分类法

分类法是指将数据库中的数据项映射到某个特定的类别。它可以应用到客户的分类、客户的属性和特征分析、客户满意度分析、客户的购买趋势预测等方面。例如，汽车零售商按照客户对汽车的喜好的不同分成不同的类型，这样营销人员就可以将汽车的广告手册直接发送到有这种喜好的客户手里，从而大大提高了销售成功的概率。

#### 2. 回归分析法

回归分析法反映的是事务数据库中属性值在时间上的特征，通过产生一个将数据项映射到一个实值预测变量的函数，发现变量或属性间的依赖关系。回归分析法的应用范围较广，如客户寻求、保持和预防客户流失活动，产品生命周期分析，销售趋势预测，以及有针对性的促销活动等。

#### 3. 聚类分析法

聚类分析法是把一组数据按照相似性和差异性分为几个类别，其目的是使同一类别数据间的相似性尽可能大，不同类别数据间的相似性尽可能小。它可以应用到客户群体的分类、客户背景分析、客户购买趋势预测、市场的细分等方面。

#### 4. 关联规则法

关联规则法是指描述数据库中数据项之间存在的关系的规则，即根据一个事务中某些项目的出现，可大致推导出其他项目在同一事务中也会出现，即反映数据间的关联或相互关系。

#### 5. 特征法

特征法是指从数据库中的一组数据中提取出关于这些数据的特征式，这些特征式表达了该数据集的总体特征。例如，营销人员通过对客户流失因素的特征提取，可以得到客户流失的一系列原因和主要特征，利用这些特征可以有效预防客户流失。

### 6. 变化和偏差分析法

变化和偏差分析法是指寻找观察结果与参照量之间有意义的差别。在移动电商危机管理及其预警中，管理者更感兴趣的是那些意外规则。意外规则可以被应用到各种异常信息的发现、分析、识别、评价和预警等方面。

**知识链接**

越来越多的电商企业开始倡导"用数据说话"，其实质就是利用数据分析帮助企业进行电子商务运营和决策。每个企业都拥有不同的企业文化和营销风格，因此，其数据分析方法也会存在差异。

# 7.2 移动电商的数据挖掘

数据挖掘一般指从大量数据中按照一定的算法搜索隐藏在数据间的信息的过程。数据挖掘通常与计算机有关联，并且通过统计、在线分析处理、情报检索、机器学习、专家系统和模式识别等方面的技术来实现。

## 7.2.1 数据挖掘的应用

近年来，随着移动电商的高速发展，数据挖掘引起了管理者的重视。其主要原因在于信息交换过程中隐藏着大量的数据，如果这部分数据能够被充分挖掘，则获取的数据可以被广泛应用于各种领域。

自 2011 年起，互联网信息碎片化愈加明显，云计算愈加成熟。主动互联网营销模式的出现，使电子商务摆脱了传统销售模式，从主动、互动、客户关怀等角度与客户进行深层次沟通。

数据挖掘经历了 5 个阶段的发展，从早期的电子邮件数据开始，发展到今天的主动互联网数据模式。一般而言，数据挖掘的发展主要借助了以下技术。

（1）统计学的商务抽样调查、估计和假设检验。

（2）计算机网络技术的人工智能、模式识别、建模技术。

（3）通信技术的信号论、信号处理、信息可视化及信息检索。

除此之外，其他领域也起到了相当重要的作用，特别是数据库系统，它为数据挖掘的发展提供了稳定、高性能的存储、索引、查询等技术支持。同时，高性能的云计算技术在处理海量数据时也是至关重要的。

数据挖掘在企业市场营销中得到了比较广泛的应用，其应用形式为：以市场营销学中的市场细分原则为理论基础，通过收集、加工和处理涉及客户轨迹的信息，包括特定消费群体或个体的兴趣、消费习惯、消费需求和消费倾向，进而根据相关消费数据推断该消费群体或个体下一步的消费行为，然后以此为基础，对该消费群体或个体进行有针对性的营销。

### ▶▶▶ 7.2.2　数据挖掘的流程

数据挖掘的流程会随着不同领域应用的变化而变化，每一种数据挖掘技术都具有独特的属性和使用步骤，同一种数据挖掘技术针对不同的问题和需求所得出的数据及其挖掘流程也会存在差异。同理，数据的完整程度、专业人员的支持程度都会对数据挖掘的流程有影响。

这些影响因素造成了数据挖掘在不同领域中的运营、规划以及流程的差异性。即使是同一产业，数据挖掘的流程也会因为数据挖掘技术和专业知识摄入程度的不同而不同。因此，数据挖掘流程的系统化、精准化和专业化就显得格外重要。

数据挖掘就是从大量数据中获取有效的、新颖的、潜在的相关数据的过程。从数据挖掘本身来考虑，数据挖掘的流程应包括信息收集、数据集成、数据清理、数据变换、数据挖掘实施、模式评估和知识表示等步骤。图 7-5 所示为数据挖掘的流程。

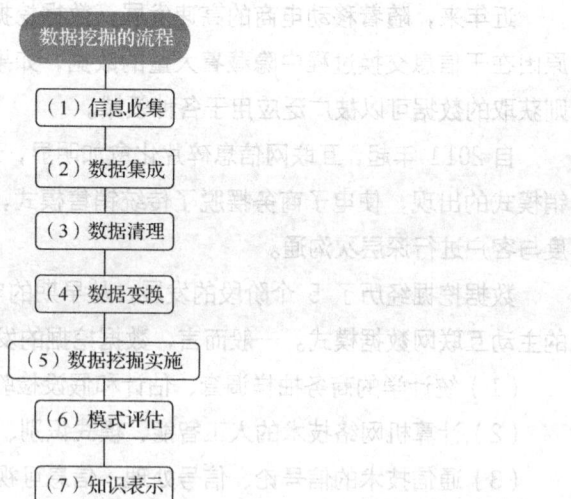

图 7-5　数据挖掘的流程

（1）信息收集：根据确定的数据分析对象，选择合适的信息收集方法，将收集到的信息存入数据库。

（2）数据集成：把不同来源、不同格式、不同特点性质的数据信息从逻辑上或物理上将其有机地集中起来，从而为企业提供全面的数据共享。

（3）数据清理：由于数据库中的一些数据是不完整的或者包含错误的属性值，因此需要进行数据清理，然后将完整的、正确的、一致的数据信息存入数据仓库中。

（4）数据变换：将数据仓库中的数据信息转换成适用于数据挖掘的形式，然后再进行数据挖掘工作。

（5）数据挖掘实施：根据数据仓库中的数据信息，选择合适的分析工具，并应用统计方法、事例推理、决策树、规则推理、模糊集等方法对数据信息进行处理，从而得出有用的分析信息。

（6）模式评估：从商业角度，由行业专家来验证数据挖掘结果的正确性。

（7）知识表示：验证数据挖掘结果无误后，企业可将数据挖掘所得到的分析信息以可视化的方式呈现给用户，或作为新的知识存放在知识库中，供其他应用程序使用。

### 知识链接

数据挖掘就是一个反复循环的过程，如果任何一个步骤没有达到预期目标，都需要返回前面的步骤，重新调整并执行。

## 7.3　常用的数据分析工具

移动电子商务每时每刻都在产生数量庞大的数据，因此需要专门的软件和工具对其进行处理，下面介绍移动电商常用的数据分析工具。

### ▶▶▶ 7.3.1　生意参谋

随着互联网的发展，传统的商业格局被打破，电商在不断地发展壮大。在这个大背景下，传统电商也逐渐步入大数据时代，一些数据分析工具便应运而生。生意参谋作为一个数据分析工具，为商家做决策提供了数据支撑。

生意参谋是阿里巴巴打造的商家统一数据平台，面向全体商家提供一站式、个性化、可定制的商务决策体验。它集成了海量数据及店铺经营思路，不仅可以更好地为商家提供流量、商品、交易等店铺经营全链路的数据披露、分析、解读、预测等功能，还能更好地指导商家的数据化运营。图 7-6 所示为生意参谋平台。

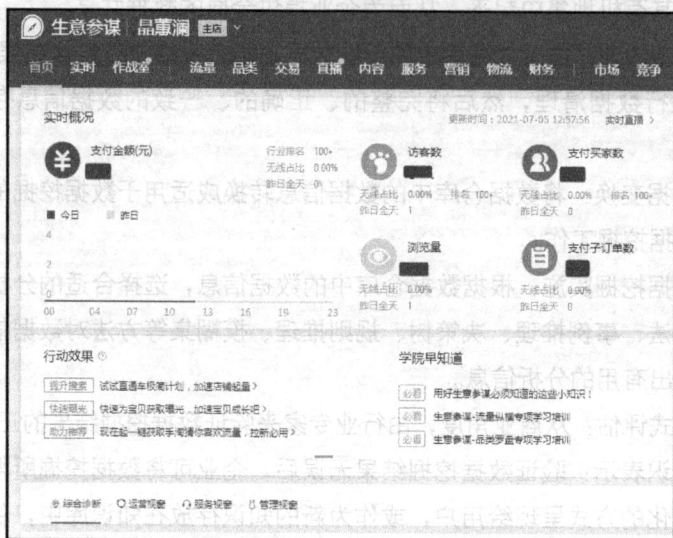

图 7-6　生意参谋平台

### ▶▶▶ 7.3.2　百度统计

百度统计是一个中文网站流量分析平台，可帮助商家收集网站访问数据，提供流量趋势、来源分析、转化跟踪、页面热力图、访问流等多种统计分析服务，百度统计如图 7-7 所示。百度统计能为企业的精细化运营决策提供数据支持，进而有效提高企业的投资回报率。

百度统计

图 7-7　百度统计

百度统计不仅功能强大易用，而且能提供安全稳定的服务和准确可靠的数据。百度统计结合百度大数据优势，全方位挖掘客户线下、线上行为，精准定义目标客群特征、消费偏好、地域分布，为零售客户提供选址招商、运营管理、客群洞察、推广营销等分析服务。

# 7.4 店铺数据实战分析

下面以淘宝的生意参谋为例讲述店铺数据实战分析，具体内容包括访客分析、实时直播分析、流量分析、交易分析。

## ▶▶▶ 7.4.1 访客分析

生意参谋的访客分析提供基于访客时段和特征的数据，使卖家了解店铺访客的分布及其特征，从而更好地进行有针对性的营销。

在时段分布中，商家可通过选择日期、终端，查看对应统计周期内各类终端下的访客和下单买家数，从而更好地掌握店铺访客来访的时间规律，进而验证广告投放、调整引流时段策略。时段分布如图 7-8 所示。

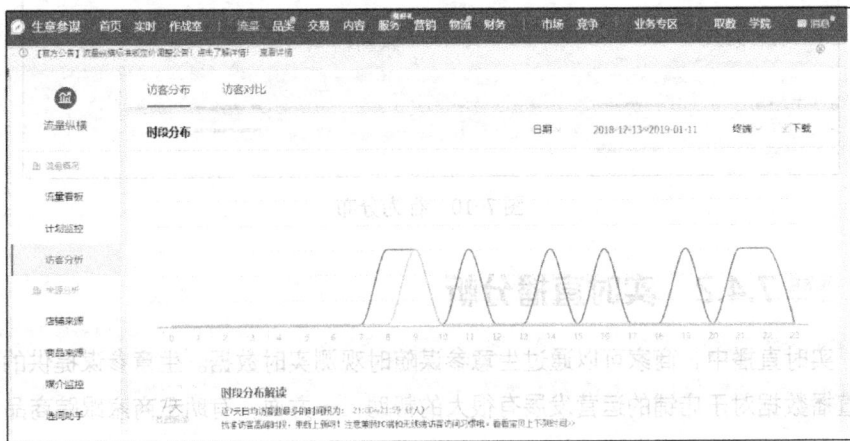

图 7-8 时段分布

在特征分布中，商家可通过选择日期和终端，查看对应统计周期内各类终端下访客的淘气值分布、消费层级、性别、店铺新老访客等数据，以验证或辅助调整广告定向投放策略。特征分布如图 7-9 所示。

淘气值分布可以反映买家是什么等级，淘气值越高的买家，网购次数越多；消费层级反映买家之前的购买能力；性别可以反映买家是以男性为主，还是以女性为主；店铺新老访客可以反映店铺的转化率。

图 7-9　特征分布

在行为分布中，第一个数据是来源关键词 TOP5，通过这个数据基本可以判断店铺的核心词，选择 30 天的平均数据会更加准确。选择日期之后，得到的关键词对店铺引流很重要。第二个数据是浏览量分布，这需要增加关联、客服引导等，增加浏览页面，这样才能有助于提高店铺的转化率。行为分布如图 7-10 所示。

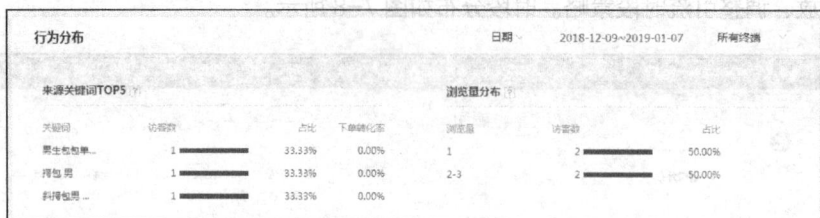

图 7-10　行为分布

## ▶▶▶ 7.4.2　实时直播分析

实时直播中，商家可以通过生意参谋随时观测实时数据。生意参谋提供的实时直播数据对于店铺的运营发展有很大的帮助：一方面，有助于商家跟踪商品的推广引流效果、观测实时数据，发现问题并及时调整优化策略；另一方面，有助于商家实时查看商品具体的营销效果，如果转化率和点击率情况不好，同样可以及时调整推广力度。

下面介绍生意参谋实时直播的实时概况、实时来源、实时榜单、实时访客等分析。

### 1. 实时概况分析

实时概况能为店铺提供实时数据，主要包括访客数、浏览量、支付金额、支付子订单数、支付买家数及对应的排名。图 7-11 所示为实时概况。

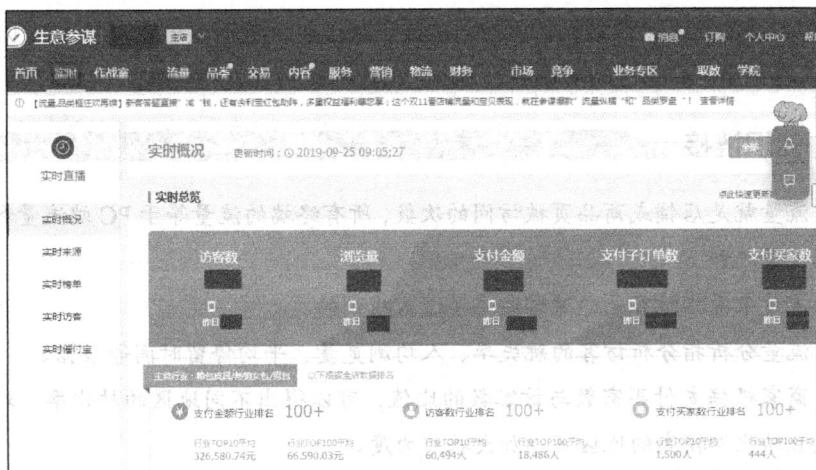

图 7-11　实时概况

## 2. 实时来源分析

在生意参谋中，商家可查看的实时来源数据包括 PC 端来源分布、无线端来源分布。另外，商家不仅可以查看所有终端的数据，还可以切换到 PC 端以及无线端查看对应的数据。图 7-12 所示为实时来源分布。

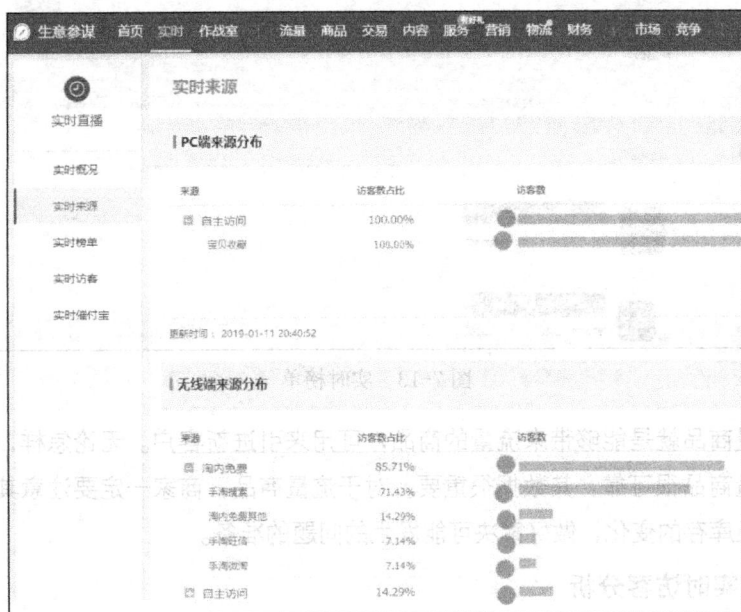

图 7-12　实时来源分布

生意参谋提供的流量来源数据分析，可以帮助商家了解各个流量来源的详细报告。这对店铺的运营极为有利，商家可以从各个细节进行突破。它能让商家知道哪些方面的流量来源多，哪些方面的流量来源少，进而反思在流量来源少的方面是否有不足，同时思考流量来源多的方面是否还可以进行优化。

流量就是店铺或商品页被访问的次数，所有终端的流量等于 PC 端流量和无线端流量之和。

流量来源指访客是通过哪些渠道进入店铺的。

流量分析指分析访客的跳失率、人均浏览量、平均停留时间等数据。

商家根据支付买家数与访客数的比值，可以得出不同地区的转化率，对流量大且转化率较高的地区可以加大推广力度。

### 3. 实时榜单分析

在实时榜单中，商家可以看到店铺热门商品的访客数、浏览量、支付金额、支付买家数、支付转化率这五个维度的数据。图 7-13 所示为实时榜单。

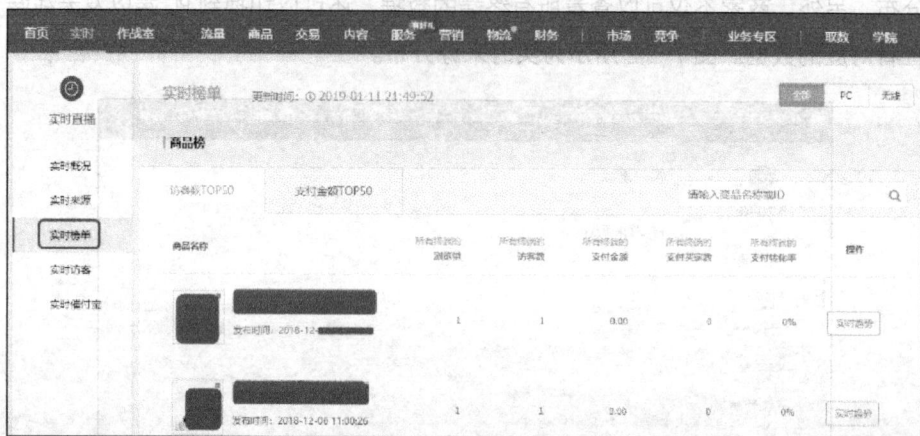

图 7-13　实时榜单

流量商品就是能够带来流量的商品，可用来引进新客户。无论怎样，平台提供的流量商品很可靠，其数据很重要。对于流量商品，商家一定要注意其流量、转化率及库存的变化，做好解决可能发生的问题的准备。

### 4. 实时访客分析

实时访客主要提供店铺的实时访客信息及浏览情况，包括访问时间、入店来源、被访页面、访客位置、访客编号等，如图 7-14 所示。通过实时访客数据，商家可找到针对买家的信息和分析买家的浏览习惯。

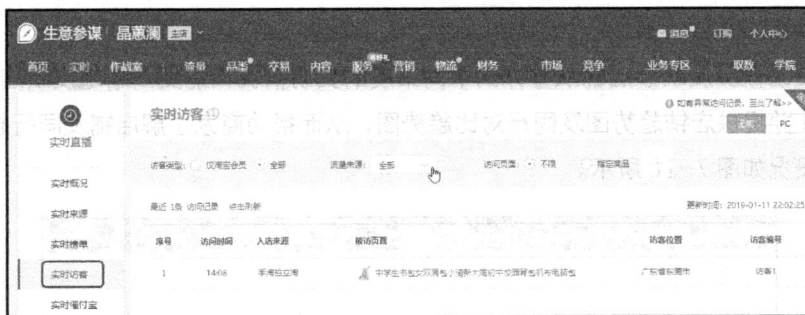

图 7-14　实时访客

### ⫸ 7.4.3　流量分析

生意参谋的流量分析，包括全店的流量概况、流量地图、访客来访时段、地域等特征分析，以及店铺装修趋势和页面点击分布分析。它可以使卖家快速盘清流量的来龙去脉，在识别访客特征的同时，了解访客在店铺页面上的点击行为，从而评估店铺的引流、装修等状况，以便卖家更好地进行流量管理和转化。

流量看板是帮助商家了解店铺整体的流量规模以及流量变化趋势的模板。

选择"流量"下的"流量看板"选项，进入"流量看板"页面，卖家可通过流量总览知道店铺的访客数、浏览量及其变化，可通过跳失率、人均浏览量、平均停留时长，了解访客质量的高低。流量概况如图 7-15 所示。

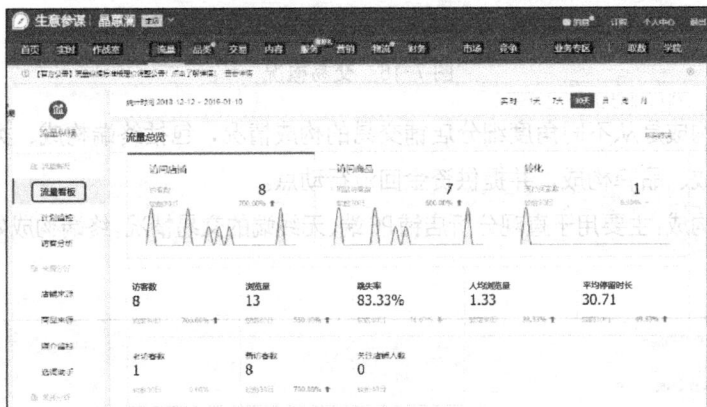

图 7-15　流量概况

### ⫸ 7.4.4　交易分析

生意参谋的交易分析主要提供交易概况、交易构成、交易明细等功能，使商家从不同维度入手，细分店铺交易情况，及时解决店铺交易问题，并提供资金回流行动点。

交易概况反映了店铺从整体到不同维度的交易情况，能更清晰地反映店铺转化率，并提供店铺趋势图及同行对比趋势图，从而帮助商家了解店铺及同行趋势。交易概况如图 7-16 所示。

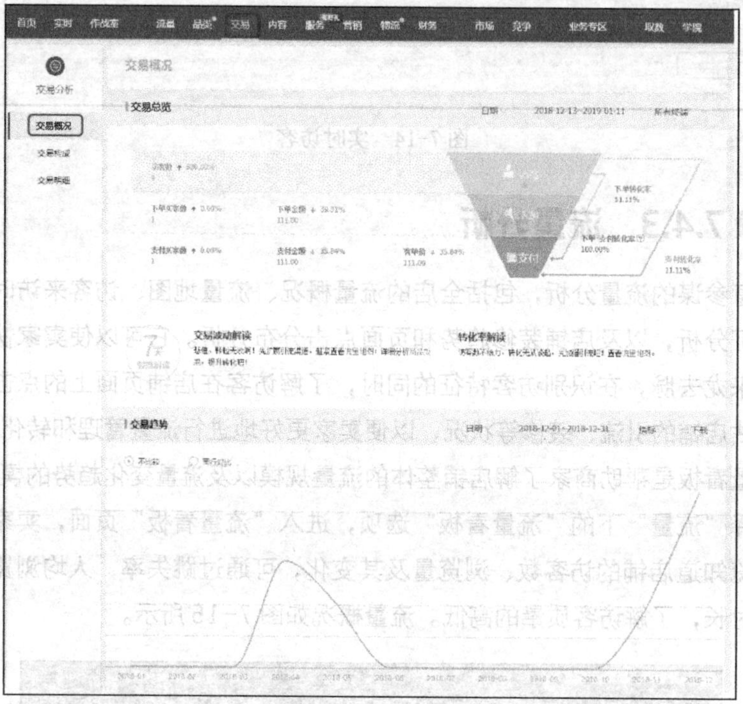

图 7-16　交易概况

交易构成是从不同角度细分店铺交易的构成情况，包括终端构成、类目构成、价格带构成、品牌构成，并提供资金回流行动点。

终端构成：主要用于直观分析店铺 PC 端、无线端的交易情况，终端构成如图 7-17 所示。

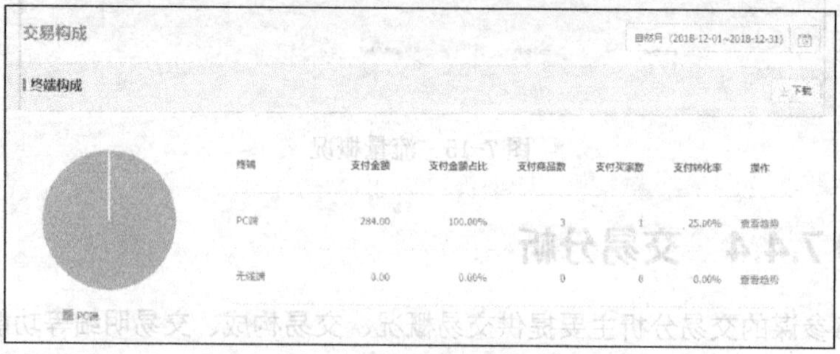

图 7-17　终端构成

类目构成：主要是从类目的角度出发，分析店铺类目的交易情况，类目构成如图 7-18 所示。

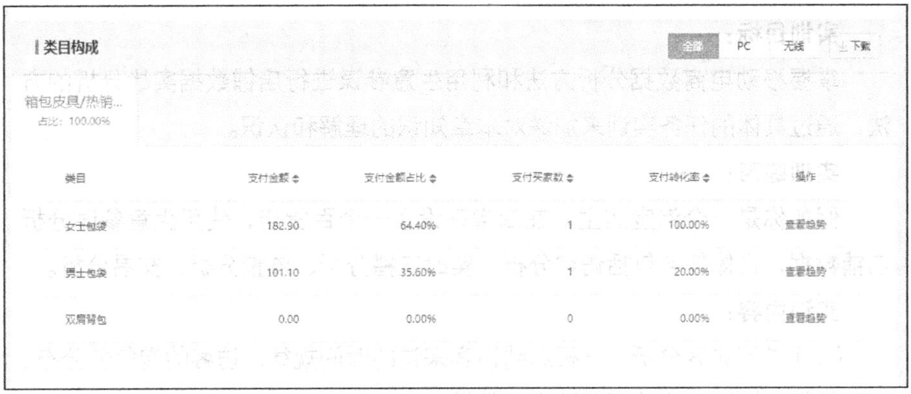

图 7-18　类目构成

价格带构成：主要用于分析店铺中哪个价格段的商品更受买家欢迎，转化率如何，从商品价格出发，分析店铺交易的数据，价格带构成如图 7-19 所示。

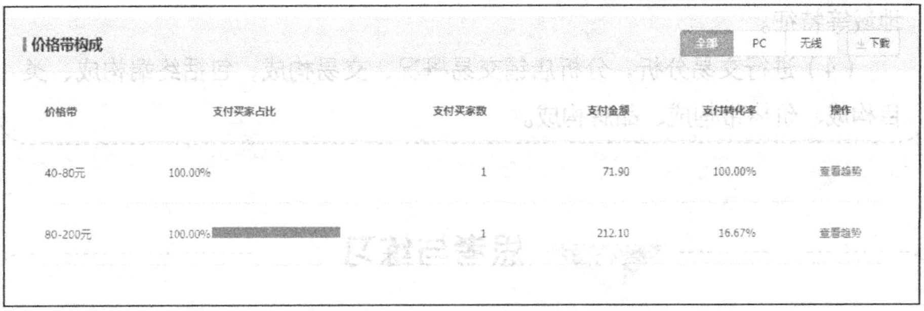

图 7-19　价格带构成

品牌构成：主要用于分析店铺中哪个品牌更受买家欢迎，从商品品牌出发分析店铺交易的数据，品牌构成如图 7-20 所示。

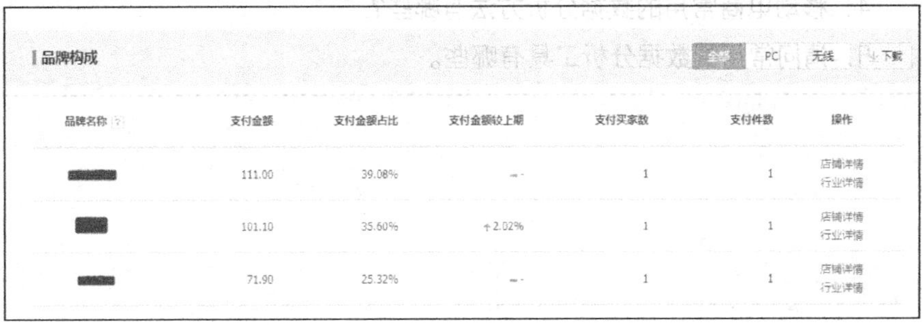

图 7-20　品牌构成

## 任务实训

**实训目标：**

掌握移动电商数据分析方法和利用生意参谋进行店铺数据实战分析的方法，通过具体的任务实训来加深对本章知识的理解和认识。

**实训练习：**

假如你是一个淘宝店主，在淘宝开设了一个百货店，使用生意参谋分析店铺数据，具体任务包括访客分析、实时直播分析、流量分析、交易分析。

**实训内容：**

（1）进行访客分析，分析店铺访客来访的时间规律、访客的淘气值分布、消费层级、性别、店铺新老访客等数据。

（2）进行实时直播分析，分析实时概况、实时来源、实时榜单、实时访客，分析的内容包括访问时间、入店来源、被访页面、访客位置。

（3）进行流量分析，分析店铺的流量概况、流量地图、访客来访时段、地域等特征。

（4）进行交易分析，分析店铺交易概况、交易构成，包括终端构成、类目构成、价格带构成、品牌构成。

## 思考与练习

1．请简述移动电商数据分析的原因。

2．请简述移动电商数据分析的指标。

3．移动电商数据分析的流程是什么？

4．移动电商常用的数据分析方法有哪些？

5．请问常用的数据分析工具有哪些。

# 第8章
# 移动电商支付

## 学习目标

- 熟悉移动支付的相关知识
- 掌握移动支付的运营模式
- 了解第三方支付
- 了解移动支付的风险
- 掌握移动支付的安全技术

## 引导案例

### 移动支付成燎原之势，"无现金生活"渐流行

移动支付的出现为广大消费者的生活带来了极大的便利，下面以 30 岁的乔女士周日一天的生活为例，为大家展现移动支付是如何影响我们的生活的。

早上，乔女士利用手机打车软件预约了一辆轿车与母亲一同出门逛街，到达目的地后乘车费由手机打车软件自动扣除，由于参加了打车软件的打车券活动，乔女士还获得了半价优惠。当天天气炎热，乔女士在百货商店用电子积分换了两瓶水，中午，用手机团购了双人套餐，还节省了 53 元。在就餐期间，乔女士接到快递小哥的电话，快递小哥请乔女士在小区门口收取快递，因为不能及时赶回去，乔女士通过 App 代收快递，于是轻松愉快地继续享用自己的午餐。午餐过后，乔女士和母亲在超市买了各种日用品，并用支付宝付款，获得了减免金额的优惠。

从乔女士周日的行程中我们可以看出，以前出门大家都不会忘记带钱包，而现在出门大家都离不开手机。移动支付带给大家的体验就是简单方便，使消费和

交易过程更加便捷，新的消费模式为大家的生活带来了全新的体验。

现在移动支付的应用已经非常普遍了，从小吃店到超市，从坐公交车到出租车、地铁，各种应用场景都会出现移动支付。

**课堂讨论**

1. 生活中使用移动支付的用户越来越多，你经常用什么支付？
2. 我国的移动支付是怎样改变人们的付款习惯的？

几年前，人们使用手机主要是为了打电话或发短信，而移动互联网的发展以及智能手机的普及，使得支付宝和微信等手机 App 出现在人们的视野中，同时也极大地改变了大家的生活。手机支付的方式使得人们的消费模式发生了全新的改变。如今，上街可以不用携带钱包或任何银行卡，只要有手机，不管是购物、吃饭，还是看电影，都可以轻松实现移动支付。

# 8.1 移动支付的概述

移动支付将移动终端、互联网、应用提供商以及金融机构相融合，有较高的综合度，为客户提供多种不同类型的服务，包括货币支付、缴费等金融业务。

## 8.1.1 移动支付的定义及特点

移动支付指的是交易双方利用移动终端来实现某种货物或服务的商业交易。用于移动支付的移动终端既可以是手机，也可以是掌上电脑等。

移动支付的定义及特点

移动支付具有下面几个特点。

（1）支付便利。和其他支付方式相比，移动支付具有较高的便利性。客户可以随时随地通过移动终端进行各种支付活动，并对个人账户进行查询、转账、充值等功能的管理，客户也可随时了解自己的消费信息。这为客户的生活提供了极大的便利，也更方便客户对个人账户的管理。

（2）隐私度较高。移动支付是客户将银行卡与手机绑定，用户在进行支付活动时，需要先输入支付密码或指纹，且支付密码不同于银行卡密码。这使得移动支付较好地保护了客户的隐私，其隐私度较高。

（3）成本低。相较于其他支付手段，移动支付的成本较低，容易大规模推广。

（4）具有巨大的潜在市场。目前移动用户的数量巨大，他们都是移动支付的潜在客户，因此移动支付具有广阔的发展前景。

### ▶▶▶ 8.1.2 移动支付的分类

移动支付指的是利用手机等移动终端支付，也就是买卖双方利用手机或者相关支付设备，在流量和网络信号的支持下进行交易。移动支付存在着多种形式，不同形式的实现方式也不尽相同。移动支付既可以按照支付价值的大小分类，也可以按照交易所处的地理位置分类，还可以根据业务种类的不同进行分类。

那么，我们常用的移动支付有哪些呢？

#### 1. 扫码支付

作为目前较火的支付方式，扫码支付在账户体系的基础上搭建而成。常见的扫码支付方式包括支付宝扫码和微信扫码等，卖方将账号和价格等信息编成二维码，然后买方只要通过手机扫码就可以实现支付交易，卖方根据交易信息就可以为买方配货和送货了。微信扫码支付如图 8-1 所示。

图 8-1　微信扫码支付

📋 **知识链接**

二维码是目前较为常见的一种营销工具，具有很强的营销推广功能，很多商家都在利用二维码进行信息获取、广告推送、优惠促销、费用支付等活动。

#### 2. 指纹支付

指纹支付就是利用指纹系统来进行消费认证。指纹支付如图 8-2 所示。由于指纹具有独特性和唯一性，因此指纹支付的实用性很强。但我们的指纹可能出现在任何地方，所以指纹支付也有一定的危险性。

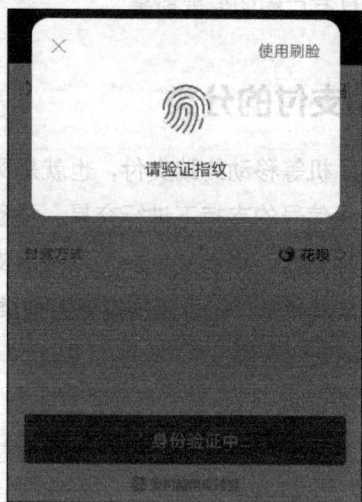

图 8-2  指纹支付

### 3. 条码支付

条码支付适用于需要对接各类商家系统、对账强需求的商家，如大型商超、餐饮，连锁品牌等。商家需使用扫码枪等条码识别设备，扫描客户的付款条码或二维码完成收款。客户仅需出示付款条码或二维码，所有收款操作由商家完成。条码支付如图 8-3 所示。

图 8-3  条码支付

### 4. 近场支付

近场支付指的是在进行商品或服务的交易时，利用手机直接在线下与商家进行支付交易，不需要移动网络。近场支付利用近场通信（NFC）、红外线和蓝牙等方式，使得手机与自动售货机和 POS 机实现本地通信。

近场通信（NFC）即近距离无线通信，其作为目前近场支付的主流技术，使得电子设备之间实现了非接触点对点的数据传输和数据交换，是一种高频无线短距离通信技术。例如，客户乘公交车不再需要公交卡，通过近场支付即可完成付款。图8-4所示为通过近场支付乘坐公交车。

图8-4　通过近场支付乘坐公交车

### 5. 远程支付

远程支付指的是通过发送支付指令或利用支付工具进行的支付。常见的支付指令包括网银、手机支付和电话银行等，而支付工具则包括邮寄和汇款等方式。常见的远程支付还包括掌中付的掌中电商、掌中充值和掌中视频等。

一个典型的远程支付流程是：客户通过移动终端在电子商务网站购买产品，通过商家提供的付款页面，跳转至手机银行或第三方移动支付页面完成支付。远程支付如图8-5所示。

图8-5　远程支付

## 8.2　移动支付的运营模式

移动支付以无线通信技术作为数据传播的手段，从而进行交易的资金转移。

它摆脱了互联网线路的制约，可以在任何时间、任何地点让客户方便又快捷地完成支付。

### ▶▶▶ 8.2.1　以移动运营商为运营主体的模式

以移动运营商为运营主体的模式主要以手机媒体、网络为基础。这种模式拥有的手机用户群基数极其庞大，计费和客户服务系统比较成熟，容易把握受众群、细分市场，支持多种多样的手机业务收费模式，能有效地开展移动多媒体广播业务。它以用户手机话费账户或专门的小额账户为基础，用户所发生的移动支付交易费用可以扣除。但对于运营商来说，该模式的劣势在于缺乏金融行业的运营经验，角色定位不清楚，如果发生大额的交易就可能会与相关国家金融政策相冲突，税务处理复杂，无法对某些业务出具发票。

### ▶▶▶ 8.2.2　以中国银联为运营主体的模式

以中国银联为运营主体的模式不同于商业银行手机运营商+银行的模式，银联独立于银行与运营商，但它作为银行卡交换信息的金融机构，覆盖了全国的银行卡信息，也就意味着持卡人所需要的统一、普适化的服务是由所有商业银行提供的。通过中国银联的交易平台，客户可以实现跨银行移动支付。

中国银联的优势在于联结了各大银行的银行卡信息网络，优化了移动运营商和银行之间的环节，而且有国家的支持。

但银联同样有缺陷，作为转接机构的银联无法直接掌握持卡人的资源和商户资源，对于移动运营商和银行没有直接影响力，银联的体制决定了银联不能与银行共同获益。并且银联的反应能力和创新能力比较弱。

### ▶▶▶ 8.2.3　以独立第三方服务提供商为运营主体的模式

第三方服务提供商独立于银行、银联、移动运营商，它的移动支付业务的主要特点就是：以银联为主要支持方，银行和移动运营商合作，第三方服务提供商则提供协助，统筹各个阶段的步骤，使得各个方面分工明确、责任到位。

虽然第三方服务提供商简化了各个环节之间的关系，但为自己增加了处理各种复杂关系的负担，在市场推广能力、技术研发能力、资金运作能力等方面，刚刚起步的第三方服务提供商还比较欠缺。

# 8.3 第三方支付

第三方支付解除了买卖双方的后顾之忧，实现了最大限度的交易安全。同时，第三方支付也是客户和商家的私人银行，支付货款、提款、设置商品红包都需要用到第三方支付。

## ►►► 8.3.1 第三方支付概述

第三方支付是指具备一定实力和信誉保障的独立机构，通过与网联对接而促成交易双方进行交易的网络支付。第三方支付的基本职责就是保证客户在网上的购物安全。当客户选中商品准备拍下时，把钱交给第三方支付机构，由其代为收存，并由其告诉商家，客户已经付钱买下了这件商品。商家收到消息后就会按客户的地址把商品寄出去。当客户收到了商品并满意后，再告诉第三方支付机构可以把钱给商家了。如果没有收到商品或对商品不满意，客户可以向第三方支付机构申请退款，买卖双方一旦就退款达成协议，第三方支付机构就可以把客户已付的货款转回客户的第三方支付账户里，在这个失败的交易过程中，客户不会受到任何经济损失。第三方支付如图 8-6 所示。

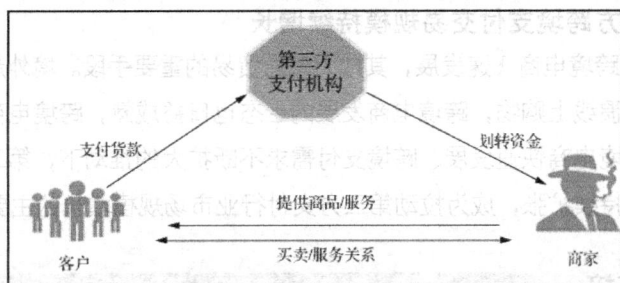

图 8-6　第三方支付

第三方支付平台的出现，从理论上讲，杜绝了电子交易中的欺诈行为，这是由它的以下特点决定的。

（1）第三方支付平台的支付手段多样且灵活，客户可以使用网络、电话、手机短信等多种方式进行支付。

（2）第三方支付平台是一个为网络交易提供保障的独立机构。例如，支付宝就相当于一个独立的金融机构，在交易过程中保障了交易的顺利进行。

（3）第三方支付平台可以让商家避免无法收到客户货款的风险，也能够为客户提供多元化的支付工具，尤其是能为一部分无法接入银行网关接口的中小企业提供便捷安全的支付平台。

（4）第三方支付平台不但可以让客户避免无法收到货物的风险，而且可以在一定程度上保障商品的质量，增强客户对交易平台的信心。

### ▶▶▶ 8.3.2　第三方移动支付行业现状

近年来，在我国电子商务持续繁荣、移动支付快速发展的推动下，我国第三方支付交易规模持续扩大，截至 2021 年，我国第三方综合支付交易规模达 280 万亿元，那么第三方移动支付行业的现状是怎样的呢？

**1. 第三方支付市场交易规模持续增大，第三方移动支付成为最大引擎**

近年来，智能移动终端的迅速发展与普及、各类电商平台的移动化为第三方移动支付创造出更多的使用场景，促使该行业得到飞速发展，从而使得我国第三方支付行业整体交易规模持续增大。第三方移动支付成为拉动我国第三方支付交易规模实现高速增长的最大引擎。

**2. 第三方移动支付行业监管不断细化，政策趋于严格化**

我国对第三方移动支付行业的监管趋严，主要表现在企业的准入资质、支付细则的监管条件的不断细化等方面。

**3. 第三方跨境支付交易规模持续增长**

2020 年，跨境电商飞速发展，其成为疏通贸易的重要手段。境外越来越多的人开始尝试并习惯线上购物，跨境电商发展的生态也日益成熟，跨境电商市场发展潜力巨大。在跨境电商快速发展、跨境支付需求不断扩大的推动下，第三方跨境支付交易规模有望持续扩张，成为拉动第三方支付行业市场规模增长的主要动力之一。

**知识链接**

第三方跨境支付不仅凭借技术手段降低了金融服务的成本和门槛，提高了客户使用频率，同时具有快速便捷、安全性较高的优势，已成为不可或缺的支付渠道。

**4. 手机支付持续增长**

我国手机购物规模持续增长，主要是由于我国线上电商的不断发力，尤其是直播电商等方式的不断涌现，为第三方移动支付提供了有利的发展环境。截至 2020 年 12 月，我国手机支付用户规模约为 8.53 亿，占手机网民的 86.5%，2016.12—2020.12 手机网络支付用户规模及使用率如图 8-7 所示。

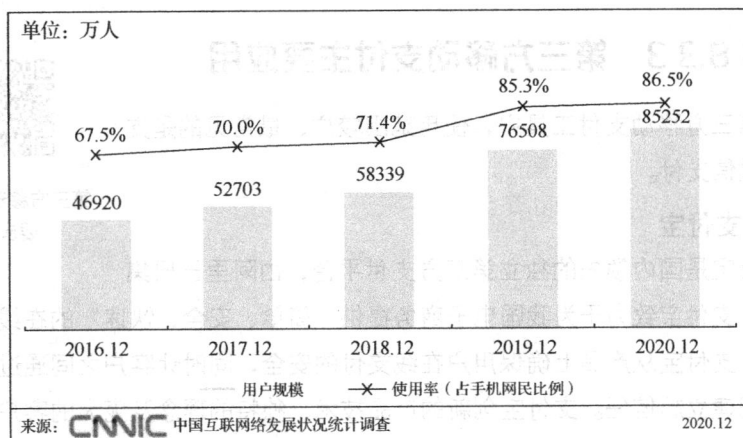

单位：万人

| | 2016.12 | 2017.12 | 2018.12 | 2019.12 | 2020.12 |

用户规模 46920, 52703, 58339, 76508, 85252

使用率（占手机网民比例）67.5%, 70.0%, 71.4%, 85.3%, 86.5%

来源：CNNIC 中国互联网络发展状况统计调查　　2020.12

图 8-7　2016.12—2020.12 手机网络支付用户规模及使用率

### 5. 刷脸支付普及率提高，为用户及商家带来积极影响

数据显示，生活场景中的刷脸支付普及率提高。以刷脸支付为代表的新支付模式能进一步提高用户的支付效率和加强安全保障，随着进入 5G 时代，刷脸支付的应用范围有望更加广泛。

### 6. 我国第三方移动支付行业呈现寡头竞争局面

从行业内的支付企业的市场份额来看，我国第三方移动支付市场集中度较高，且呈现寡头竞争局面。2019 年，市场主要被支付宝和财付通两大支付企业占领，二者总份额达到 94%。其中，支付宝的市场份额达到 55.10%，居于首位，其次是财付通，其市场份额为 38.90%。2019 年我国第三方移动支付行业市场竞争格局如图 8-8 所示。

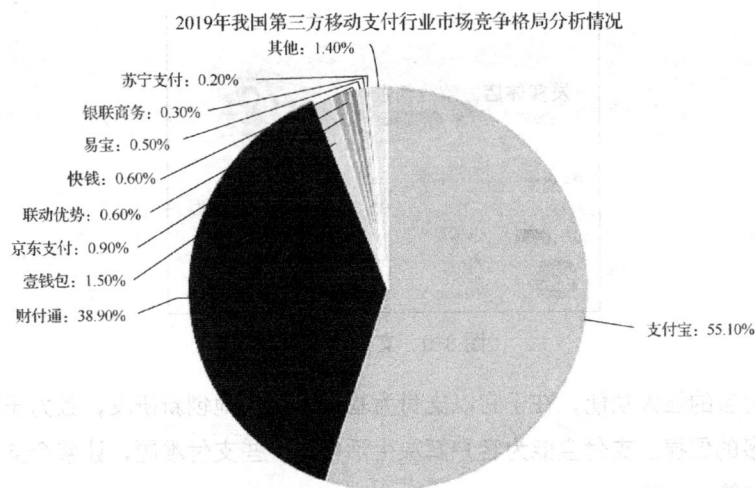

2019年我国第三方移动支付行业市场竞争格局分析情况

其他：1.40%
苏宁支付：0.20%
银联商务：0.30%
易宝：0.50%
快钱：0.60%
联动优势：0.60%
京东支付：0.90%
壹钱包：1.50%
财付通：38.90%
支付宝：55.10%

图 8-8　2019 年我国第三方移动支付行业市场竞争格局

### ▶▶▶ 8.3.3 第三方移动支付主要应用

在第三方移动支付工具中，使用范围较广、最常见的是支付宝和微信支付。

第三方移动支付主要应用

#### 1. 支付宝

支付宝是国内领先的独立第三方支付平台，由阿里巴巴集团创办。支付宝致力于为我国电子商务提供"简单、安全、快速"的在线支付解决方案。支付宝从产品上确保用户在线支付的安全，同时让客户之间通过支付宝在网络间建立起信任。支付宝创新的产品技术、独特的理念及庞大的客户群吸引了越来越多的互联网商家主动选择支付宝作为其在线支付体系。支付宝首页如图 8-9 所示。

图 8-9　支付宝首页

支付宝的强大功能，在于它以支付为基础，不断地创新研发，致力于给客户带来更多的便捷。支付宝能为客户解决生活中的一些支付难题，让整个支付过程变得更加简单、快捷。

## 支付宝的功能

支付宝主要包括以下功能。

（1）转账。

客户可以通过支付宝向其他支付宝账户转账，并且不收取任何手续费。客户如有转账需求，不需要花费时间和精力到银行营业厅办理，支付宝可实现账户到账户、账户到银行卡、银行卡到银行卡、银行卡到账户之间的任意转账。转账如图 8-10 所示。

（2）余额宝。

余额宝是支付宝推出的一个理财应用，客户可以将银行卡里的存款转存到余额宝中，使用时转账或者存入都十分方便。客户在支付时，可以直接通过余额宝进行支付，操作起来十分便捷。余额宝如图 8-11 所示。

图 8-10　转账

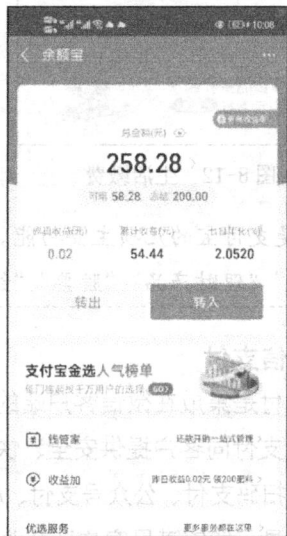

图 8-11　余额宝

（3）生活缴费。

以前人们充电话费必须到营业厅才能实现，水费、电费、燃气费、有线电视费、暖气费等缴费也只能到相关机构的网点才可以办理。有了支付宝以后，客户只需打开支付宝，选择相应的缴费功能，就可以在极短的时间内完成生活缴费。生活缴费功能使用起来便捷、高效，极大地满足了当代人们快节奏的生活需求。生活缴费如图 8-12 所示。

（4）购买电影票、火车票、机票。

经过不断的发展，支付宝的功能已经逐渐渗透到人们的休闲娱乐生活中。客户不需要到电影院购买电影票，通过支付宝就可以完成购票，图 8-13 所示为购买电影票。购买火车票、机票时，客户也可以通过支付宝完成购买，并且不收取任何手续费。

图 8-12　生活缴费

图 8-13　购买电影票

以上是支付宝的几项主要功能。支付宝的功能还有许多，如"信用卡还款""我的快递""理财产品""股票""红包""基金"等。

## 2. 微信支付

微信支付是集成在微信客户端的支付功能，客户可以通过手机快速完成支付流程。微信支付向客户提供安全、快捷、高效的支付服务。目前微信支付已实现刷卡支付、扫码支付、公众号支付、App 支付，并提供企业红包、代金券、立减优惠等营销工具，能够满足客户及企业的不同支付需求。

下面主要从以下 3 个方面入手，介绍微信支付的使用。

（1）在微信公众平台接入支付功能。

在微信公众平台接入支付功能这一方法比较权威，适用于通过微信认证的服务号，而且需要支付一定的费用。公众账号需要向微信官方提出开通微信支付的申请，在各项手续办理妥当后，接入开发模式，然后根据自身需要设置支付功能。

（2）在微信上接入第三方应用。

目前，市面上有许多具有支付功能的第三方应用，将此类应用接入微信，客户在点击支付时，可以跳转到此类应用的支付平台，从而完成支付。需要注意的是，在选择第三方应用时，最好选择信誉度好的产品。

（3）借助微信二次开发企业的平台接入支付功能。

随着微信营销不断升温，市面上出现了一些微信二次开发企业，这些企业能够自主开发公众平台，为商家提供支付平台。大家可借助此类企业的平台在开发模式中嵌入支付功能。

**知识链接**

无论选择哪种方式来开发支付功能，大家都要注意两个问题：一个是资金安全问题；另一个是客户体验问题。

# 8.4 移动支付的风险

相较于传统的支付手段和行业，移动支付带给了客户更好的体验，提供了一种新型、简单、方便的支付方式，移动支付的前景一片光明。但是，每一个行业在发展过程中都会面临种种风险，而移动支付这个新兴的行业面临的风险主要有四个方面：政策风险、法律风险、技术风险和信誉风险。

### ▶▶▶ 8.4.1 政策风险

移动支付作为一种新兴的支付方式，在某些方面必须要接受金融监管，如涉及金融业务的移动支付。移动支付同样缺乏行业内的规范，资源共享、服务和质量等方面，还有准入政策和监管政策都需要有明确、清晰的规定，移动支付业务才能透明化。规避政策风险的方法如下。

（1）移动支付必须接受金融监管。

（2）完善行业内的规范。

（3）相关政策必须完善。

### ▶▶▶ 8.4.2 法律风险

当前，移动支付刚刚起步，处于发展阶段，所以有关的法律法规不健全，而且移动支付牵涉很多方面，涉的法律关系复杂，而根据众多方面建立法律法规是一件相当难的事情。移动支付业务使用计算机及移动无线通信等先进技术，而国内涉及计算机及无线通信技术的法律法规还相对落后，用于保护移动支付有效开展的法律目前有《中华人民共和国电子签名法》和《电子支付指引》，一旦发生支付性质的纠纷，运营商、银行与客户将处于一个非常尴尬的境地。移动支付的法律风险如下。

（1）相关的法律法规不健全。

（2）与计算机及无线通信技术有关的法律法规相对落后。

（3）移动支付牵涉的方面太多，相互之间法律关系复杂。

### ▶▶▶ 8.4.3 技术风险

移动支付技术风险主要包括两种：支付技术安全风险和技术开展风险。在移动支付的发展阶段，每一个技术开发方法、推广方式都可能有隐藏的危险，而这些危险一旦爆发，后果是极其严重的。

技术安全风险包括数据在传输过程中的安全性与客户信息的安全性。客户对移动支付关注的点在于数据传输的安全性方面，因为一旦各步骤支付密码被破解，客户的财产将会受到威胁。客户信息的安全性同样重要，如果个人信息被不法分子获取，那么不仅账户和财产安全难以保证，不法分子还可能用这些个人信息办理各种非法业务。现在，手机已经不仅仅作为通信工具来使用了，它还作为移动支付的媒介，丢失手机、密码被攻破、中病毒等问题都会给机主造成严重的影响。

### ▶▶▶ 8.4.4 信誉风险

客户使用移动支付业务时，可靠的服务平台是客户的首要选择。其次，金融机构必须要能长久地提供安全、准确、及时的移动金融服务，通信运营商服务质量也要有保障。如果客户在移动支付过程中遇到服务平台步骤出错、严重的通信网络故障，以及因银行信息系统不完善而产生资金流失，这些都会造成客户对移动支付的不信任，引发信誉风险。移动支付的信誉风险如下。

（1）服务平台的步骤出错。

（2）金融机构未能提供安全、及时、准确的服务。

（3）运营方面的通信故障。

（4）银行系统不完善。

# 8.5 移动支付安全技术

为了确保数据传输的安全性，移动支付应采取一系列的安全技术，如密码技术、数字签名技术、生物特征识别技术等。

**课堂讨论**

你认为在移动支付中有哪些安全方面的事项需要注意？

## 8.5.1 密码技术

保障网络和通信安全的最重要的自动化工具是密码技术，它包括加密和解密技术。加密一般是利用信息交换规则把可懂的信息变成不可懂的信息，其中的变换规则被称为密码算法。可懂的信息被称为明文，不可懂的信息被称为密文。密码算法是一些数学公式、法则或程序，算法中的可变参数是密钥。

密码技术的发展根据使用密钥的不同，经历了简单加密、对称密钥及非对称密钥三个阶段。

（1）在简单加密阶段，加密主要依靠算法本身，算法不带密钥。一旦算法公开，则整个加密体系也就公开了。

（2）在对称密钥阶段，加密系统的加密密钥和解密密钥相同，或者由其中任意一个可以很容易地推导出另一个。这个阶段，算法可以公开，但加密密钥及解密密钥都必须妥善保管。由于其速度快，对称加密通常在消息发送方需要加密大量数据时使用。对称加密也被称为密钥加密。对称密钥加密过程如图 8-14 所示。

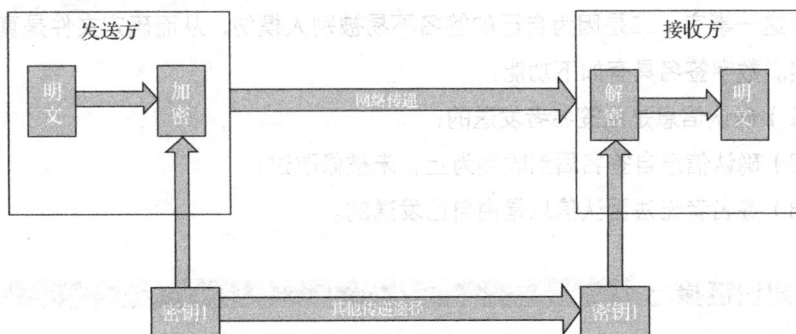

图 8-14　对称密钥加密过程

（3）在非对称密钥阶段，加密系统的加密密钥和解密密钥不相同，并且由其中任意一个推导出另一个是不可行的。在采用非对称密码算法的加密系统中，每个客户都有两个密钥：一个是可以告诉信息团体内所有客户的，被称为公开密钥；另一个是由客户自己秘密保存的，被称为秘密密钥。在非对称密钥系统中，不但算法可以公开，而且公开密钥也可以公开。非对称密钥加密过程如图8-15所示。

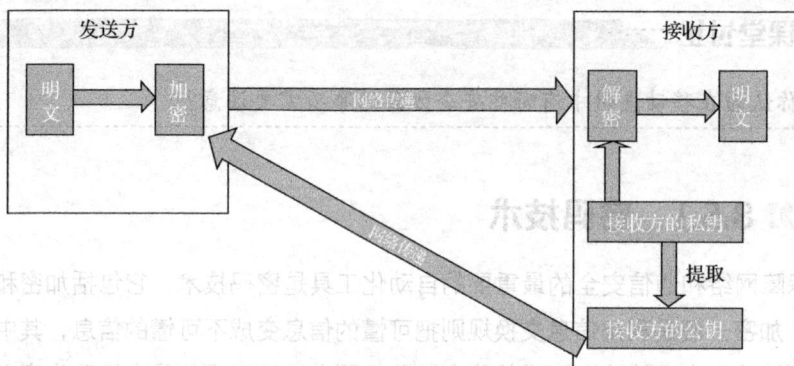

图 8-15　非对称密钥加密过程

如果用私有密钥对数据进行加密，那么只有用对应的公开密钥才能解密。因为加密和解密使用的是两个不同的密钥，所以这种算法叫非对称加密算法。

## ▶▶▶ 8.5.2　数字签名技术

数字签名技术是实现网上交易安全的核心技术之一，它可以保证信息传输的保密性、数据交换的完整性、发送信息的不可否认性、交易者身份的确定性等。

数字签名实现的功能是手写签名实现的功能的扩展。平常在书面文件上签名的主要作用有两点：一是因为对自己的签名本人难以否认，从而确定文件已被自己签署这一事实；二是因为自己的签名不易被别人模仿，从而确定文件是真的这一事实。数字签名具有如下功能：

（1）确认信息是由签名者发送的；

（2）确认信息自签名后到收到为止，未被修改过；

（3）签名者无法否认信息是由自己发送的。

### 知识链接

简单来说，数字签名是公钥密码的逆应用：用私钥加密消息，用公钥解密消息。数字签名是为了证明对方发的信息并没有被更改过，但前提条件是你确认对方是可靠的，即你拥有的公钥确实是对方的公钥而不是其他人的公钥，而数字证书可证明你拥有的公钥确实是对方的。

### ▶▶▶ 8.5.3　生物特征识别技术

生物特征识别技术主要是指通过人类生物特征进行身份认证的一种技术，这里的生物特征通常具有唯一性、可以测量或可自动识别和验证、遗传性或终身不变等特点。生物特征识别技术的核心在于获取生物特征，并将之转换为数字信息，存储于计算机中，利用可靠的匹配算法来完成验证与识别个人身份的过程。

身体特征包括：指纹、静脉、掌形、视网膜、虹膜、人体气味、脸形、血管、DNA、骨骼等。行为特征则包括：签名、语音、行走步态等。

在信息化时代，如何准确鉴定一个人的身份、保护信息安全，已成为一个必须解决的关键社会问题。传统的身份认证由于极易伪造和丢失，越来越难以满足社会的需求，目前最为便捷与安全的解决方案无疑是生物特征识别技术。它不但简洁快速，而且安全、可靠、准确，同时更易于实现自动化管理。

### ▼ 任务实训 ● ● ● ●

**实训目标：**

掌握移动支付工具的使用，通过具体的任务实训来加深对本章知识的理解和认识。

**实训练习：**

假如你是一个消费者，练习第三方移动支付工具的使用，如熟练使用微信和支付宝付款、转账、缴费等。

**实训内容：**

（1）支付宝转账功能的使用。通过支付宝向其他支付宝账户或者银行卡转账。

（2）使用支付宝将银行卡里的存款转存到余额宝中。

（3）使用支付宝缴费，包括水费、电费、燃气费、有线电视费、暖气费。

（4）使用微信支付。使用微信购买电影票，使用微信转账。

## 思考与练习

1. 什么是移动支付，移动支付有哪些特点？
2. 常用的移动支付有哪些？
3. 移动支付的运营模式有哪些，各有什么特点？
4. 我国第三方移动支付行业现状是怎样的呢？
5. 移动支付的风险有哪些方面？